Sag mir, wie es damals war

D1662643

Verlag: Jasmin Eichner Verlag, Gerberstraße 11 – 13
                   77652 Offenburg
                   Telefon: 07 81 / 7 35 02

                   1. Auflage April 1997

Autor: Günther Kaack

Titelbilder: Günther Kaack

Satz: Satz-Studio Meyer
                   77963 Schwanau, Telefon 0 78 24 / 6 65 02

Covergestaltung: Yvette Sauban, 77652 Offenburg
                   Telefon: 07 81 / 7 35 08

Druck: Jasmin Eichner Druck- & Verlagshaus

ISBN 3-89668-141-9

Sag mir, wie es damals war

Erinnerungen
1943 – 1948

Günther Kaack

Den Müttern
dieser Erde

Dies aber ist der Wille . . .

Erzählung

Dies aber ist der Wille . . ." ist eine Erzählung aus dem Bombenkrieg der jüngsten Vergangenheit.

Das Leben einer Frau, die als Krankenschwester wirkt, und ihrer Familie wird geschildert.

Der Verfasser gibt die damalige Zeit lebensecht wider, er schreckt auch nicht vor der Verwendung von Ausdrücken wie „Einsatz" und ähnlichem zurück, wenn er damit die Atmosphäre eindringlicher beschwören kann.

Die Sprache ist schlicht und kraftvoll, manchmal zart und versponnen. Über die „Helden" der Geschichte kommt viel Leid; zweimal verlieren sie alles durch Luftangriffe, die Großmutter wird verschüttet, der Vater fällt, der Sohn verliert im Feld ein Bein.

Nichts kann die Lebenskraft der Mutter zerbrechen, sie nimmt alles als vorherbestimmtes Schicksal, und so klingt diese Erzählung optimistisch aus.

Der Leser hat das Empfinden, daß es hier endlich einmal gelungen ist, etwas von uns allen ähnlich Erlebtes ohne Haß und Sentimentalität, ohne Hintergedanken und Vorurteile, aber auch ohne Selbstbeschmutzung, sondern mit Takt, Sauberkeit und innerer Reife darzustellen.

Zur Veröffentlichung sehr zu empfehlen!

Dr. Manfred Zumbusch
Manuskriptdienst Detmold

Der matte Schein der ersten Sonnenstrahlen fällt durch das Fenster. Ein neuer Tag bricht an.

Die Nachtschwester erhebt sich von ihrem Lager, um den letzten Rundgang zu machen. Die Patienten schlafen noch; nur hie und da hört man das leise Stöhnen der Schwerkranken.

In der Kinderabteilung geht Schwester Dorothea von Zimmer zu Zimmer. Auch die Kleinen liegen noch verträumt in ihren Betten, und der Sonnenschein, der vorwitzig durch einen Spalt des weißen Vorhanges schaut, treibt ungestört mit roten Wangen, kleinen Fäusten und zerzausten Haaren sein lustiges Spiel.

Der kleine Peter hat wieder einmal seine Decke verloren. Schnell hat Dorothea ihn wieder zugedeckt. Doch da erwacht der kleine Kerl, und wohl der Meinung, Dorothea wolle ihm die Decke nehmen, stimmt er ein lautes Gebrüll an.

Nun ist es natürlich mit der Ruhe und dem Schlaf vorbei. Als die Oberschwester hereinkommt, klingt ihr vielstimmiges Kindergeschrei entgegen.

Aber was macht es – Dorothea weiß mit ihren Kranken umzugehen. Hat sie doch selbst zu Hause so einen kleinen Racker, der immer beschäftigt und oft beruhigt sein will.

Sie läßt die Milch bringen, und schnell sind die schreienden Proteste den weit versöhnlicheren Lauten der mit Behagen Trinkenden gewichen.

Die große Uhr in der Halle zeigt die siebte Stunde. Schwester Hanni kommt die Treppe herauf, um Dorothea abzulösen.

Der Tagdienst beginnt.

Mit schnellen Schritten verläßt Dorothea das Krankenhaus.

Dr. Steiner, der ihr begegnet, wünscht einen guten Morgen, und schon hat sie die Straße erreicht.

Noch beleben wenige Menschen das Straßenbild. Arbeiter und Angestellte sind es, die in die Fabriken und Kanzleien fahren, Hausfrauen, die ihre Einkäufe machen, und ein alter Postbote, der mit müden Augen und schweren Schritten seine Botschaft in die Häuser trägt.

Dorothea kennt seinen Schritt, der mit bangendem Herzen erwartet, so oft die Hoffnung zerstört, kennt den Blick aus den gütigen, verstehenden Augen, der das nur zögernd Gesprochene „Heute leider keine Post ..." begleitet.

Und doch weiß sie eigentlich nichts von diesem Briefträger, obgleich sie, sobald er seinen Fuß auf die Stiege setzt, etwas von ihm erwartet, verlangt, ja fordert!

Er trägt eine dunkle Uniform, eine runde Mütze und eine Tasche aus schwarzem Leder – vielleicht auch irgendwo ein paar goldene Knöpfe?

Ist es die Zeit, die uns vergessen macht, daß hinter diesem Äußeren ein Mensch lebt, ein Mensch wie du und ich?

Was wissen wir Menschen überhaupt voneinander, sinnt Dorothea. Gehetzt und verzweifelt treiben wir dahin und suchen ein ganzes Leben nach dem Sinn unseres Daseins.

Haben wir uns selbst schon gefunden? So wie wir unseren Nächsten finden möchten, mit einem liebenden, verstehenden und helfenden Herzen?

Als Dorothea nun in die Parkallee einbiegt, begegnen ihr lachende Kinderscharen, die den Weg in die Schule nehmen. Für eine Weile sind die dunklen Bilder vergessen, übertönt von der Freude, die sie bei dem Gedanken an ihre eigenen Kinder erfüllt.

Dorothea hat eben das hohe Etagenhaus betreten, da kommt ihr schon der Älteste entgegengestürmt. Die Schultasche unter dem Arm, ein Stück Brot in der Hand, so gibt er der Mutter einen schallenden Kuß und schon ist er die Treppe hinunter.

Dorothea bleibt nur noch ein überraschendes, mütterlich erzürntes Kopfschütteln und die nicht seltene Feststellung, daß gewiß wieder die Uhr schuld sei.

Währenddessen ist im Kinderzimmer die Großmutter dabei, den Jüngsten anzuziehen. Noch den letzten Schlaf sich aus den Augen reibend, scheint er gerade zu überlegen, wie er diesem unfreundlichen Vorgang, bei dem man sehr artig und sehr still sein muß, entrinnen könnte, da steht die Mutti in der Tür – und alles andere ist vergessen.

Was macht es, daß er erst einen Strumpf an hat, er läuft auf die Mutti zu, fällt ihr um den Hals und will sie gar nicht mehr auslassen.

Nachdem Dorothea den kleinen Knirps fertig angezogen hat, wird Kaffee getrunken. Kurt hat der Mutti so viel zu erzählen, daß er beinahe das Essen darüber vergißt.

Nachmittags muß Helmut mit mir spielen, verlangt er energisch, und Mutti muß auch mitmachen. Aber Mutti zögert mit der Zusage; vielleicht, sagt sie.

So wird Helmut, als er von der Schule heimkommt, gleich von seinem jüngeren Bruder mit der bestimmten Aufforderung „Du mußt mit mir spielen!" empfangen. „Ja, nach dem Essen", antwortet Helmut. Kurz darauf wünscht die Mutter eine gesegnete Mahlzeit, und das kleine Streitgespräch ist beendet.

Nach dem Essen schläft die Mutter ein Stündchen. Helmut macht seine Schulaufgaben, und die Großmutter ist in der Küche beschäftigt.

Draußen regnet es.

Kurt drückt sein Näschen an die Fensterscheibe und scheint die Regentropfen zählen zu wollen.

Dorothea träumt. Sie ist im Traum bei ihrem Mann, der als Soldat irgendwo draußen an der Front steht. Sie sucht seinen Blick, hält seine Hand und wandert mit ihm durch einen blühenden Garten. Kinder spielen, und die Sonne scheint.

Das Klingeln des Telefons schreckt sie aus ihren Träumen auf.

Helmut kommt herein.

Das Krankenhaus verlangt Schwester Dorothea. Die Oberschwester ist am Apparat. Dorothea meldet sich, hört die Stimme der Oberin, wird fahl und bleich.

„Ich komme sofort", antwortet sie und legt den Hörer auf, „ich komme sofort …!"

Und während sie ihr Häubchen aufsetzt, sind ihre Gedanken wieder bei der Mitteilung der Oberschwester, hört sie noch einmal die eindringlichen Worte:

„Durch Bombenwurf eines einzelnen Flugzeuges wurden verschiedene Personen, darunter auch Kinder, schwer verletzt. Ihr Kommen ist unbedingt erforderlich."

„Ich muß gehen", sagt Dorothea, und wie ein eisiger Hauch bleiben die Worte, die sie hinzufügt, über dem Raum, „ich träume vom Frieden – und draußen ist Krieg!"

Wenige Minuten später hat Dorothea das Krankenhaus erreicht. Der Chefarzt gibt seine Weisungen. Die Kinder liegen zum Teil noch in der Aufnahme. Im ersten Stock ist Schwester Lore dabei, die Betten für die kleinen Patienten zu richten. Kurz darauf bringt der Fahrstuhl die ersten Kranken hinauf.

Schwester Dorothea hilft dem Stationsarzt. Ein kleiner Blondkopf, durch einen Bombensplitter verletzt, erhält seinen Verband. Tapfer beißt er die Zähne aufeinander und verzieht kaum das Gesicht.

Im Operationssaal wird seit einer Stunde gearbeitet. Als die Operationsschwester den Saal verläßt, klingt ihr eine besorgte Stimme entgegen: „Wie geht es meinem Kind, Schwester?" „Wir dürfen die Hoffnung nicht verlieren", antwortet sie und drückt einer Mutter stumm die Hand.

Als nach kurzer Zeit die Tür des Operationssaales geöffnet wird, liegt auf der Bahre ein Mädelchen, das dunkle Haar umgeben von einem dicken Verband.

Dorothea nimmt die Kleine in Empfang und weicht nicht von ihrer Seite. Behutsam legt sie ihren Schützling in das Bett.

Sie denkt in dieser Minute an ihre eigene Kindheit zurück, an die Tage einer schweren Krankheit und an die flehende Stimme ihrer Mutter: „Du mußt gesund werden …!"

Neben ihr steht nun die Mutter dieses kleinen Mädels, auf den Lippen die bange Frage, die Sorge um das einzige Kind.

„Ich will bei meinem Kind bleiben!" verlangt die Mutter, „lassen Sie mir mein Kind", schreit sie auf, „lassen Sie mich, ich habe ja sonst nichts auf dieser Welt!"

So bleibt sie am Bett ihres Kindes und zählt mit fiebrigen Lippen die Atemzüge, die den kleinen Körper erschüttern.

Schwester Dorothea umsorgt inzwischen ihre kleinen Patienten auf Saal zwei. Immer wieder überzeugt sie sich, ob alles getan ist, und versucht die vielen Bitten und Wünsche zu erfüllen.

Draußen beginnt es zu dämmern. Es will Abend werden. Immer noch sitzt die Mutter am Bett ihres Kindes und vereinzelt fallen Tränen auf das weiße Tuch.

Das Kind schläft – und jetzt erst läßt die Mutter es allein.

„Morgen komme ich wieder", flüstert sie dem schlafenden Mädel zu, „morgen, auf Wiedersehen."

Das Kind scheint verstehend zu lächeln.

Wo mag es in seinen Träumen sein?

Es ist zwölf Uhr nachts. Seit drei Stunden hat Schwester Dorothea am Bett dieses Kindes den Platz der Mutter eingenommen. Sie wacht und hält in der Hand immer wieder das kleine Händchen, um den Puls zu kontrollieren. Das Leben muß stärker sein als der Tod, denkt Dorothea, und das kleine Herz, das nun wieder schneller zu schlagen beginnt, scheint ihr recht zu geben. In den ersten Morgenstunden durchwühlt ein Fieberschauer den schlanken Körper. Der Arzt muß gerufen werden. Nachdenklich schüttelt er den Kopf. „Es geht zu Ende", sagt er. In der Tür aber dreht er sich noch einmal um. „Zu Ende?" Er scheint zu überlegen. Noch einmal horcht er das Herz ab, fühlt den Pulsschlag und nimmt die Fieberkurve zur Hand. Schwester Dorothea steht neben ihm. Die Sekunden werden zu Minuten. Endlich kommt die Stimme der Arztes: „Schnell eine Blutübertragung vorbereiten!" Die Nachtschwester sieht ihn fragend an. „So schnell wird das nicht möglich sein, Herr Doktor. Wir haben keine Reserven mehr und müssen erst einen Blutspender rufen." „Richtig, es ist ja drei Uhr morgens. Es soll wohl nicht sein."

Der Arzt will das Zimmer verlassen, doch eine Stimme ruft ihn zurück. „Bitte, Herr Doktor, wir können die Übertragung sofort machen, ich stehe zur Verfügung."

Vor ihm steht Dorothea übermüdet und blaß, aber sie weiß, was sie will. Schweigend sieht der Arzt sie an.

Wenige Minuten später liegt sie neben ihrem kleinen Schützling zur Blutübertragung.

Als der Morgen graut, hat wieder der Schlaf das Kind in seine Arme genommen. Dorothea ist ein wenig eingenickt.

Die ersten Sonnenstrahlen wecken sie auf. Ihr erster Blick gilt dem Kind. Sie beugt sich über das Bett und streichelt die fahlen Wangen. Erschreckt fährt sie zurück, fühlt den Puls, horcht auf das Herz, ruft den Namen des Kindes.

Alles bleibt still.

Das kleine Herz hat aufgehört zu schlagen.

Eine Stunde später sitzt Dorothea noch am Bett des Kindes. Sie kann es nicht fassen. Da sind wieder die Worte der Mutter: „Morgen, morgen komme ich wieder, auf Wiedersehen", und da ist die Stimme des Arztes, „es geht zu Ende!"

Noch ein letzter Blick und Schwester Dorothea verläßt das Zimmer.

Geraume Zeit danach steht eine Mutter am Bett ihres toten Kindes – weint und klagt.

Der Tod war stärker als das Leben.

Der kleine Wecker läuft pünktlich um neun Uhr ab. Dorothea hat nur wenig geschlafen. Ihre Gedanken kreisen immer wieder um die Geschehnisse der letzten Nacht.

Trotzdem – der Dienst geht weiter.

In die Stille des Vormittags klingt wieder das Heulen der Sirenen. Dorothea bringt ihre Schutzbefohlenen in den Keller, eingehüllt und sorgsam zugedeckt. Welch Leid und

Unglück wird es heute wieder geben, denkt sie, und schon hört man die Detonationen der ersten Bomben.

Ängstlich hält sich der kleine Hans an der Bettdecke fest. Gestern war er dabei, als die Bomben auf den Spielplatz fielen. Doch schon ist Dorothea bei ihm, hält seine Hand und streicht über sein weiches Haar. „Du brauchst keine Angst zu haben", sagt die Schwester und legt ihn sanft in die Kissen zurück. Deutlich sind die Signale der ausfahrenden Rettungswagen zu hören.

Als Dorothea ihre Kranken wieder nach oben bringt, werden schon die ersten Verwundeten gebracht. Ob diese Angriffe niemals aufhören, dieses Grauen niemals enden wird, denkt Dorothea. Doch zum Grübeln ist jetzt keine Zeit. Alle Hände werden gebraucht.

Sie holt Bleistift und Tabellen und nimmt die Daten und Angaben der Neueinlieferungen auf. „Wo wohnen sie?" fragt Dorothea eine junge Frau, die vor ihr auf einer Bahre liegt. Die Verletzte nennt Straße und Hausnummer.

Mit zitternder Stimme wiederholt Dorothea ihre Angaben, ist es doch dieselbe Straße, in der sie ihre Wohnung hat.

Die Kinder, die Mutter! durchzuckt es Dorothea. Was wird mit ihnen sein?

Vorsichtig wagt sie die Frage: „Wissen sie zufällig, ob das Haus Nummer vier noch steht?" „Leider kann ich darüber nichts sagen", antwortet die junge Frau, und Dorothea ist mir ihrer sorgenvollen Ungewißheit allein.

Auch der letzte Patient ist nun versorgt und untergebracht. Jetzt endlich kann Dorothea ans Telefon stürzen. Hastig wählt sie die Nummer. Niemand meldet sich. Sie wählt noch einmal. Wieder nichts.

Sie ruft das Amt.

„Leitung gestört", sagt eine Stimme. Also wieder nichts. Der Tag will kein Ende nehmen. Dorothea sieht jede halbe Stunde auf die Uhr. Sie möchte davonlaufen und doch kann sie es nicht. Ihre Kranken brauchen sie ja. Der Soldat kann auch nicht davonlaufen, er muß auch aushalten, denkt sie.

Wenn doch nur Helmut oder Kurt käme und ihr sagen würde, daß alles in Ordnung ist. Können sie denn überhaupt noch kommen? Liegen sie nicht vielleicht schon unter den Trümmern des Hauses begraben?

„Nicht mehr denken, nicht mehr überlegen", sagt Dorothea vor sich hin.

Fast im Unterbewußtsein hört sie die Stimme der Oberin: „Der kleine Fritz von acht muß sofort zur Röntgenaufnahme."

Dorothea geht. Sie darf ja nicht denken, sie darf jetzt nur für ihre Kranken da sein.

Es ist acht Uhr abends. Endlich – denkt Dorothea und sie kann es gar nicht erwarten, bis sie Schwester Gisela den Dienst übergeben hat.

Sie steht auf der Straße. Es ist stockdunkel, und doch läuft sie, so schnell sie ihre Füße tragen können.

Die Kinder, die Kinder, das ist ihr einziger Gedanke!

Als sie in die Nähe ihres Hauses kommt, stockt unwillkürlich ihr Schritt. Sie zählt die Häuser, sie sieht die Ruinen, und gleich einem jubelnden Schrei kommen die Worte:

„Es steht, das Haus steht …!"

Immer zwei Stufen auf einmal nehmend, so erreicht sie keuchend die Wohnungstür. Schnell schließt sie die Tür auf. Wenn die Kinder nun nicht zu Hause waren, durchzuckt sie ein Gedanke. Wenn sie bei ihren Freunden im Nebenhaus gewesen sind, in dem Haus, das jetzt nur noch ein Trümmerhaufen ist?

„Helmut", schreit sie, „Kurt!" Sie reißt die Zimmertür auf. Da sitzen ihre Jungen.

„Meine Buben", sagt sie und mit Tränen in den Augen schließt sie beide in die Arme.

Dorothea versucht zu schlafen, aber es gelingt ihr nicht. Ihre Gedanken gehen hin und her, sind wieder bei den Kindern, bei ihrem Mann und ihren Kranken.

Immer noch kann sie keine Ruhe finden. Sie steht auf und setzt sich an den kleinen Schreibtisch.

„Ich werde mit ihm sprechen, er wird mir helfen", sagt sie vor sich hin. Sie nimmt Papier und Feder zur Hand und schreibt ihrem Mann. Weit wandern ihre Gedanken über die Heimat hinaus an die Front.

Sie sieht ihren Mann vor sich stehen, sein lachendes Gesicht und seine hellen Augen. Nicht traurig sein, ich komme ja wieder, hatte er ihr das letzte Mal gesagt. Und sie hatte ihm versprochen, tapfer zu sein.

Und jetzt steht er da, und ihr ist, als höre er sie an, als lausche er ihrer Stimme und spüre das, was sie hier niederschrieb.

Noch einmal lesen die müden Augen das Geschriebene:

Lieber Hans!

Meine Gedanken suchen Dich, ich weiß Dich viele Kilometer von hier entfernt und doch fühle ich – Du bist bei mir. Immer denke ich an Dich, und in mir brennt das Versprechen, das ich Dir beim letzten Abschied gab. O, Hans, wie ist das Schicksal doch hart, ich glaube oft, es droht uns zu zerbrechen. Ist das Leben nicht eine Qual – warum lieben wir es? Als Du im letzten Urlaub sagtest, das Leben sei ein einziger Kampf, dem wir nicht entrinnen können, konnte – oder wollte ich Dich noch nicht ganz verstehen. Heute aber, da Not und Sorgen nicht von meiner Seite weichen, verstehe ich Dich.

Wir durchleben eine Zeit der Schrecken und des Grauens. Ich verstehe oft nicht, warum die Menschen sich so viel Leid antun. Nacht für Nacht sitzen wir in den Kellern, ohnmächtig wartend – auf die Bomben, das Verderben, den Tod!

Gestern haben sie den Keller von Nummer sechs nach dreitägiger Arbeit freigelegt, vierzig Menschen sind nicht mehr – Frauen, Kinder, Greise.

Wann hört dies Morden endlich auf?

Ich bin oft Tag und Nacht im Dienst. Die Kinder sehe ich dann nur abends, ich stehe an ihren Betten, und es ist mir wie ein Abschiednehmen.

Großmutter umsorgt sie mit aller Liebe. So steht jeder auf seinem Platz, hingestellt, abgeordnet, befohlen!

Wie lange soll das noch so weitergehen?

Helmut wird Dir morgen schreiben, er ist in der Schule sehr fleißig und hilft mir, wo er kann. Er wird nun bald siebzehn Jahre alt, Hans – ich habe Angst, auch ihn noch zu verlieren.

Die Kinder und die Großmutter lassen Dich herzlich grüßen, wir alle sind bei Dir mit unseren besten Wünschen und bitten Gott, daß er Dich schützen möge.

Immer bin ich Deine Frau

Unaufhörlich trommelt der Regen gegen die Fensterscheiben. Eine graue Wolkendecke breitet sich über Häuser und Stadt. Die ersten Frühlingsblumen stecken schon ihre Köpfe hervor und sehnen sich nach Sonne und Licht.

Die Bäume treiben ihre ersten Knospen, und die Menschen atmen auf – Frühling!

Gegen Mittag kommt endlich die Sonne. Wie groß ist doch ihre Macht. Aus dem Fahlen, Grauen wird das Licht, das Helle, der Glanz der Schönheit. Wie reich sind wir doch, weil wir die Sonne haben. Tragen wir nicht alles Schwere viel leichter, da wir wissen, daß das Dunkel weichen muß – dem Licht? Eine Amsel singt ihr Frühlingslied, zwitschert und jubiliert in den hellen Tag.

Durch das geöffnete Fenster klingt leise eine Melodie herüber, die einer wunderbaren Altstimme Kraft und Schönheit gibt. Dorothea summt noch einmal die Melodie vor sich hin. Ihre schmalen Hände gleiten über die Tasten des Klaviers und offenbaren so rein und klar die Tiefe der Musik.

Helmut, der eben eingetreten ist, verharrt schweigend an der Tür. „Mutter", sagt er leise, „die Uhr ist sieben."

„Ja, Helmut, ich komme." Sie legt ihren Arm um die Schultern des Jungen und drückt ihn an sich.

Wie lange kann ich es noch, denkt sie, und ein trüber Schein liegt auf ihrem Gesicht.

Nach dem Abendessen bringt sie Kurt ins Bett. Der Kleine ist noch gar nicht zum Schlafen aufgelegt. „Du sollt bei mir bleiben", bettelt er, „du sollt nicht fortgehen."

Wie gern würde sie bei ihm bleiben. Wir gern würde sie einmal nur wieder Mutter sein.

Und doch geht es nicht.

„Du mußt recht brav sein, Kurt. Die Mutti hat noch viele, viele Kinder, die auf sie warten. Kleine und große, denen sie nicht nur Schwester, sondern auch ein wenig Mutter sein muß."

„Hast du die anderen Kinder auch so lieb wie mich?" „Ja, Kurt, ich habe sie alle sehr lieb, aber weil ich weiß, daß mein kleiner Schelm jetzt schlafen wird, habe ich ihn natürlich ganz besonders lieb."

Sie gibt ihm einen Gutenachtkuß und deckt ihn behutsam zu.

„Gute Nacht, Kurt!" „Gute Nacht, Mutti!"

Dorothea dreht die kleine Lampe aus, und als bald darauf der Mond sein Licht durch das Fenster wirft, liegt Kurt schon in tiefem Schlaf.

Um Mitternacht reißt ihn die Großmutter aus seinen Träumen. Fliegeralarm.

Die Luft ist erfüllt von dem Geräusch der Motoren. Der Mond spendet der großen Stadt sein Licht und weist den Fliegern Weg und Ziel.

In den Kellern sitzen die Menschen und warten. Warten auf die ersten Einschläge und das Dröhnen der berstenden Bomben. Pausenlos fällt jetzt die teuflische Last.

„Da oben ist die Hölle los", sagt eine bebende Stimme. Der kleine Kurt schmiegt sich fest an die Großmutter. Bei jedem Einschlag schließt er die Augen und streckt seine Hände von sich, als wolle er das Unheil abwenden.

Die letzten Detonationen sind verklungen. Es scheint ruhiger zu werden. Einige Männer verlassen den Keller und treten auf die Straße. Der Himmel ist blutrot. Auf der gegenüberliegenden Straßenseite hat die Brandfackel viele der stolzen Häuser verwüstet und zerstört. Schnell stürzen die Männer hinüber, beseelt von dem Gedanken: Retten, löschen, helfen!

Gierig schlängeln sich die Flammen an dem Gebälk empor. Das Knistern und Knacken wird untermalt von fliegenden Funken und dem immer neu aufsteigenden Qualm.

Plötzlich durchzuckt ein Schrei die Nacht: „Mein Vater, mein Vater ist noch im Haus!"

Und durch die raucherfüllte Luft schneiden die Worte einer jungen Frau, hart, gehetzt, verzweifelt: „Helft mir, mein kranker Vater ..., ich komme aus der Fabrik, hört ihr, ich mußte Granaten drehen ..., durfte nicht bei ihm bleiben – hört ihr mich ...?"

Die mühsam bewahrte Fassung erstickt in einem neuen Schrei.

„Vater", entringt es sich ihrer Kehle, „Vater, du darfst nicht verbrennen!"

Dann umschließt sie das wilde Flammenmeer – und keine Hand vermag sie hier zu halten.

In den frühen Morgenstunden ist der Brand gelöscht.

Ein Aufklärer zieht ruhig seine Bahn und betrachtet sich noch einmal die Zerstörungen der letzten Nacht.

Er mag zufrieden sein.

O, mörderische Welt – vor wem will er bestehen?

Schwester Dorothea macht in dieser Nacht Dienst in der chirurgischen Abteilung. Eben will sie sich für einige Minuten niederlegen, da ertönt die Sirene.

Auch das noch, denkt sie, und schon ist sie bei ihren Kranken. Die Ruhe in den Kellerräumen wird jäh unterbrochen durch die Stimme des diensthabenden Arztes. Schwester Dorothea wird von einer jüngeren Kollegin abgelöst und läuft nach oben.

Teil A des Krankenhauses brennt!

„Zuerst die Schwerkranken aus den Gängen, dann den Keller räumen!" ruft sie Schwester Hanni zu. Sie selbst läuft in den ersten Stock, wo die Nichttransportfähigen auf den Gängen liegen. „Die Kranken hinunterschaffen!" ruft sie dem Pfleger entgegen. Sie will auf den Fahrstuhl zu, aber auch dort hat sich ein Brandherd immer mehr ausgebreitet. „Schwester Irmgard, wir müssen die Kranken hinuntertragen, schnell, bevor der Brand auf die Treppen übergreift!"

Mit keuchendem Atem tragen die beiden Schwestern die Kranken hinunter. Die Kraft in den Armen droht zu versagen, und doch, sie dürfen sich keine Ruhe gönnen, hier weiß man noch – es geht um Menschenleben.

Als auch der letzte Kranke hinuntergebracht ist, stürzen Sekunden darauf mit entsetzlichem Getöse die oberen Stockwerke zusammen.

Dorothea ordnet die Unterbringung der Kranken im Nebenhaus an. Sie hat wieder ganz ihre Ruhe gefunden und gibt ihre Weisungen.

Eine neue Bombenwelle zwingt sie, Deckung zu suchen. Wenige Minuten später geht die Arbeit weiter.

Sie muß für die Verlegung der neu Verwundeten sorgen.

Sie schreitet durch die Reihen der eben Eingelieferten. Auf einer Bahre liegt ein blonder Junge. Dorothea greift sich ans Herz – Helmut, das kann doch nicht sein?

Sie geht auf den Kranken zu, schaut ihn an – und ein Seufzer der Erleichterung kommt aus ihrer Brust, er ist es nicht.

Der Kranke versucht, sich aufzurichten. „Wasser, Schwester, Wasser!"

„Gleich", sagt Dorothea und setzt ihm das Glas an den fiebrigen Mund. Sein zerfetzter Arm muß ihm unsagbare Schmerzen bereiten. Wie tapfer er ist, denkt sie und streicht ihm das Haar aus dem Gesicht.

Bis spät in den Nachmittag des kommenden Tages wird gearbeitet. Teil A des Krankenhauses ist völlig niedergebrannt. Noch schwelen die letzten Balken und Böden, und in die laue Frühlingsluft mischt sich der Geruch des erloschenen Brandes.

Dorothea steht vor den Trümmern und denkt an die gestrige Nacht.

„Wie lange noch?" sagt sie vor sich hin, und Dr. Berner, der unbemerkt zu ihr getreten ist, fügt leise, fast feierlich hinzu:

„Es liegt in Gottes Hand. Sehen Sie dieses Trümmerfeld – Gott spricht zu uns, und wir hören ihn nicht. Er fordert Liebe und Barmherzigkeit, und wir, wir säen Haß und schreien nach Vergeltung.

Wir müssen wieder Kinder unseres Vaters werden – sonst wird das Leid kein Ende nehmen."

Die Sonntagsruhe hat auch ihren Einzug in die Wohnung Dorotheas gehalten. Die Fenster des Wohnzimmers sind weit geöffnet, und die warme Sommerluft strömt herein. Auf dem kleinen Tisch, an dem Dorothea mit einer Näharbeit beschäftigt sitzt, steht ein großer Strauß bunter Blumen, die einen verschwenderischen Duft ausbreiten. Belustigt schaut sie dem Spiel der Sonne zu, die sich in den bunten Blumen fängt und ein wundervolles Farbenspiel hervorzaubert, das immer wieder zum Träumen verleitet.

Helmut sitzt schweigend am Fenster. Sein Blick schweift hinaus auf die Straße. Mehrmals legt er das Buch, in welchem er zu lesen begonnen hat, zur Seite.

Er sieht die Mutter an. Blickt wieder hinaus, erfreut sich an dem satten Grün der Bäume, an der hellen Sonne und läßt die Gedanken in einer weiten Ferne spielen.

„Morgen", denkt er, „was wird morgen sein?"

Wieder trifft sein Blick die dunklen Augen der Mutter. Dorothea legt Nadel und Faden zur Seite und tritt an das Fenster.

Sie legt ihre Hand auf die Schulter des Jungen und versucht, in seinen Augen zu lesen.

„Helmut, sag, bedrückt dich etwas?"

„Ja, Mutter, morgen …", und er will weitersprechen, doch all die Worte, die er sich zurechtgelegt hatte, sind vergessen, der Laut bleibt ihm in der Kehle stecken.

„Ja, morgen", sagt die Mutter, „dein Geburtstag. Macht es dich traurig, daß du nun siebzehn Jahre alt wirst?"

„O nein, Mutter, ich habe ja so auf diesen Tag gewartet!"

„Mutter!" ruft Helmut, und er faßt ihre Hände, „du hast mir zu meinem Geburtstag immer einen besonderen Wunsch gestattet, erfüll mir auch dieses Mal meine Bitte!"

„Gern, mein Junge, wenn es in meinen Kräften steht, so soll dir dein Wunsch erfüllt sein."

„Mutter", und er preßt seine Hände an sein klopfendes Herz, „ich möchte mich freiwillig melden, ich möchte Soldat werden!"

Wie ein Schlag treffen Dorothea diese Worte.

„Helmut", bringt sie mühsam hervor, „du hast mir noch nie etwas davon gesagt, hast du dabei gar nicht an deine Mutter gedacht? Hast du mich ganz vergessen? Wenn ich nachts im Dienst war und meine Gedanken waren bei euch, dann durfte ich ruhig sein, weil ich wußte, Helmut ist daheim. Meine Sorgen um Kurt wurden kleiner, weil ich denken durfte, Helmut ist bei ihm und wird ihn behüten. Wenn ich mich fragte, wie wird die Großmutter alles schaffen, dann durfte ich mir die Antwort geben – Helmut hilft ihr.

Und wenn ich abends vom Dienst heimkam, müde und abgespannt, dann durfte ich mich freuen auf die lachenden Augen und den blonden Schopf meines Jungen. Soll das nun alles nicht mehr sein? Vorbei – nur noch ein Traum?"

Eine atemlose Stille liegt in dem plötzlich so kalten und leeren Zimmer.

„Der Vater", durchbricht Dorothea nun das Schweigen, „ist schon seit drei Jahren draußen, und jetzt soll ich dich noch hergeben …?"

„Bitte, Mutter, halte mich nicht zurück – es ist der einzige Wunsch, den ich habe. Du selbst hast nicht eine Stunde gezögert, zu Beginn des Krieges wieder deinen Dienst als Schwester aufzunehmen. Vater ist wieder ins Feld gezogen – soll ich da abseits stehen? Hast du uns nicht immer gesagt, daß wir uns auf den Kampf des Lebens vorbereiten müssen?"

„Ja, ja Helmut, aber das Herz einer Mutter kann nicht schweigen. So wie wir unter Schmerzen das Leben empfangen, ist es tausendfältig Schmerz und Qual, wenn von uns dieses Leben wieder gefordert wird."

„Gehört nicht das Leben in dieser Stunde dem Vaterland, Mutter? Darfst du nicht stolz sein, wenn ich gehe? Mutter, weine nicht – ich kann nicht zu Hause bleiben, ich muß hinaus!"

Dorothea hält in ihrer Hand das Bild des Vaters. Ein paar Tränen fallen auf das Glas. Sie sieht Helmut an, stellt das Bild auf den Schreibtisch zurück und blickt hinaus.

Dann sagt sie mit fester Stimme:

„So geh, mein Junge, vergiß die Mutter nicht …!"

Zwischen Mutter und Sohn herrscht am folgenden Tag ein stilles Verstehen. Schon am Morgen erhält Helmut seine Geschenke, einige nützliche Kleinigkeiten, die ihm viel Freude machen. Alle im Hause wünschen ihm Glück.

Die Mutter nimmt ihn beiseite, drückt ihren Mund auf sein blondes Haar, und mit Tränen in den Augen flüstert sie ein „alles, alles Gute, mein Junge".

Und während sie so neben ihm steht, eilen ihre Gedanken schon voraus. Sie sieht einen jungen Soldaten im Schützengraben liegen, sieht auf einer Bahre einen Jungen, dem der zerrissene Arm große Schmerzen bereitet, und erkennt eine Mutter, die am Bette ihres toten Kindes weint.

Helmuts Worte: „Ich muß zur Schule, Mutter", lassen sie in die Wirklichkeit zurückfinden. „Geh nur mein Junge, und komm gut wieder." Wie eigentümlich, denkt Helmut, sonst klang die Stimme der Mutter nie so besorgt. Und er ahnt nicht, daß hier eine Mutter in Gedanken schon von ihrem Sohne Abschied nimmt.

Am Nachmittag meldet sich Helmut zur Infanterie.

Vierzehn Tage später rollt ein Zug mit singenden Soldaten aus der Bahnhofshalle.

Helmuts letzter Blick gilt der Mutter, und ihre guten Augen sagen ihm noch einmal: Vergiß die Mutter nicht!

Dorothea findet in ihrer Arbeit die notwendige Ablenkung. Das Bewußtsein, helfen zu dürfen und helfen zu können, gibt ihr immer wieder neue Kraft.

Sie begleitet den Arzt bei der Visite. Kennt doch keiner so genau die Beschwerden und Sorgen dieser Kinder wie sie. Überall findet der Onkel Doktor ein paar freundliche Worte, und so geht es von einem zum anderen.

Der vierzehnjährige Walter, der gestern eingeliefert wurde, liegt still in seinem Bett. Schwester Gertrud hat sich schon redlich bemüht, ihn aufzuheitern, doch vergebens. Kein Wort kommt über seine Lippen, er lacht nicht und weint nicht. Als der Arzt an sein Bett kommt, dreht er sich zur Seite. Er will allein sein.

„Klagt er über Schmerzen?“ fragt Dr. Steiner, zu Dorothea gewandt, „die Operation ist doch sehr gut verlaufen!“

„Nein, Herr Doktor, Schmerzen hat er keine. Er hat den Vater verloren, der bei dem gestrigen Angriff ums Leben kam.“ „Und die Mutter?“ „Sie wurde an diesem Tage schwer verletzt und liegt auf Saal B.“

„Armes Kerlchen“, sagt Dr. Steiner, „Sie müssen sehr gut zu ihm sein!“

Gegen Abend fragt Walter einmal: „Wann kommt die Mutter?“

„Morgen wird sie kommen, morgen, Walter“, sagt Dorothea.

Dann sagt er nichts mehr. Er hält die Augen offen und starrt an die Decke. Seine Umgebung liegt hinter ihm versunken, und er glaubt sich allein in dem großen Saal.

Als die Schwester die Suppe auf das kleine Nachttischchen stellt, fragt er noch einmal: „Kommt die Mutter auch wirklich morgen?“

Nach einer Stunde steht das Essen noch unberührt.

Immer noch liegt Walter still im Bett.

Nur die Augen gehen unruhig hin und her, und sein Mund ist gezeichnet von dem großen Schmerz.

Am anderen Tage weicht sein Blick nicht von der Tür. Die Besuchszeit ist nun bald vorbei, und immer noch ist die Mutter nicht da.

Immer wieder öffnet sich die Tür, und eine Mutter kommt, um ihr Kind zu besuchen.

Stolz zeigt ein kleiner Nachbar das neue Spielzeug, welches die Mutter mitgebracht hat.

Doch Walter wirft nicht einen Blick darauf. Auch als Dorothea ihm ein paar Blumen auf den Tisch stellt, läßt er seinen Blick nicht von der Tür. Er wartet.

Als es langsam Abend wird, gibt er es auf. Schweigend legt er sich in die Kissen zurück. Dorothea versucht ihn zu trösten. Ein Buch legt er achtlos zur Seite. Auch als Dorothea ihm sagt, es sei von der Mutter, antwortet er nur leise. „Sie soll selber kommen."

„Schau, Walter", hebt Dorothea an, „die Mutter hat gewiß viel Arbeit und wird nun morgen kommen. Sie wird gewiß immer an dich denken, und sobald es ihr möglich ist, wird sie dich bestimmt besuchen."

Aber auch am anderen Tag kommt Walters Mutter nicht. Sie kann nicht mehr kommen – sie ist ihrem Manne gefolgt.

Dorothea kämpft einen schweren Kampf. Sie soll nun diesem Jungen sagen, daß die Mutter heute wieder nicht kommt, auch morgen nicht, nie mehr.

Sie tritt an das Bett des Jungen und legt ihren Arm um seine Schultern. „Walter", sagt sie, „die Mutter wird heute wieder nicht kommen, auch morgen nicht."

„Warum nicht, warum kommt sie denn nicht?" „Hör, Walter, die Mutter ist sehr krank gewesen, und der Arzt hat ihr nicht erlauben können, daß sie dich besucht."

„Die Mutter krank – hat sie große Schmerzen?" fragt er mit zitternder Stimme. „Jetzt nicht mehr, Walter. Der Vater hat sie gerufen, und sie ist zu ihm gegangen."

Dorothea blickt stumm in die fragenden Augen des Kindes.

„Sie ist zu ihm gegangen und hat mich allein zurückgelassen?"

„Ja, Walter. Als die Mutter den Tod kommen sah, fragte sie nach dir, rief sie mit letzter Kraft deinen Namen. Sie wollte dich noch nicht mitnehmen, sie wollte dich am Leben wissen. Ihr eigenes Leben sollte nicht umsonst so früh dahingegangen sein, und das Sterben wurde ihr leichter, weil sie wußte, du wirst einmal groß und stark sein und bereit, eine bessere Welt zu bauen."

Lange Zeit spricht keiner ein Wort.

Dorothea hält die Hand des Jungen in der ihren und streicht ihm über die blassen Wangen.

Dann richtet sich Walter auf.

„Ich will es ihr versprechen", kommt es von seinen Lippen, „ich will leben – und dich nie vergessen, hörst du, Mutter …!"

Dorothea sitzt in Gedanken versunken auf der kleinen Bank im Garten des Krankenhauses. Linden und Blumen blühen in üppiger Fülle und sprechen vom Sommer. Morgen soll Walter entlassen werden.

Die Suche nach Verwandten verlief ohne Erfolg, und so soll Walter in ein Waisenhaus aufgenommen werden. Dorothea kann sich mit diesem Gedanken noch gar nicht recht vertraut machen.

„Er braucht die Liebe und Fürsorge einer Mutter", spricht sie immer wieder vor sich hin.

Sie hat den Wunsch zu helfen, sie möchte dieses junge Leben weiter wachsen sehen und es vor Kampf und Sturm bewahren.

Dorothea hat ihre Liebe ihren Kindern geschenkt, und sie weiß, daß die Kinder ihr einst danken werden. Wird doch die Liebe der Mutter zum Unterpfand für den Kampf, die Treue und das Glück des Lebens.

Dorothea überlegt.

Der leise Wind spielt mit ihren Haaren, die Hände sind gefaltet, und die Augen blicken in die Ferne.

„Ja", und es ist wie ein Schwur, „ich werde ihn zu mir nehmen, er soll mir ein Sohn sein, und ich will ihm helfen, das zu halten, was er der Mutter versprach."

Auf der kleinen Bank sitzen sie nun zu zweit. Walter lauscht den Worten Dorotheas. Sie erzählt ihm von seiner neuen Heimat, von dem kleinen Bruder, den er in Kurt finden wird, und von der guten alten Großmutter.

Lange Zeit hört man nur das Rauschen der Wipfel und das Zwitschern der Vögel.

Dann reicht Walter Dorothea die Hand.

„Ja", sagt er, „ich will!"

Schon die sechste Woche ist Dorothea ohne Nachricht von Helmut. Im letzten Brief schrieb er von dem bevorstehenden Einsatz, der großen Feuertaufe.

Nun aber ein langes Warten und Bangen. Der Tag will kein Ende nehmen, und jedesmal, wenn der Briefträger vorbeigeht, sinkt die Hoffnung einer Mutter zusammen.

Warum schreibt Helmut nicht? Dorothea findet keine Erklärung. Alle schmerzlichen Vorstellungen vertreibt sie, denn sie fühlt es ja – er lebt!

Sie hört von den schweren Kämpfen im Osten und weiß, er steht mitten drin.

So vergehen Tage und wieder Tage und Stunden.

Endlich eine Nachricht.

Als sie den Brief geöffnet hat, sieht sie noch einmal die Anschrift an. Das kleine Taschenmesser gleitet ihr aus der Hand und schwer kommt es aus ihrem Mund: „Die Schrift, es ist nicht seine Schrift!"

Nur zögernd entfaltet sie das Schreiben. Ein Schleier liegt vor ihren Augen, und sie hat Mühe, die wenigen Zeilen zu entziffern.

Helmut liegt schwer verwundet im Lazarett, der Arzt bittet um ihren Besuch.

„Helmut!" schreit Dorothea, „mein Helmut!"

Dann nichts mehr.

Ihre Glieder sind müde und schwer, und nur eine Frage bewegt sie in dieser Stunde:

Hat mir das Schicksal den einen gegeben, um mir den anderen zu nehmen?

Das kann doch nicht sein!

Am anderen Tag fährt Dorothea durch das blühende Land gen Osten. Nur nicht zu spät kommen, denkt sie, und ihre Gedanken eilen schon weit voraus.

Wie oft hat sie es erlebt, daß eine Mutter von ihrem Kinde Abschied nehmen mußte. Wie oft hat sie verzweifelt gekämpft gegen die hohe Gewalt, die allein über Leben und Tod entscheidet. Wie oft blieb das Leben Sieger und wie oft hielt der Tod seine große Ernte.

Und doch glüht in ihr ein Funken der Hoffnung, der zum Leuchten wird. Ein so junges Leben wird stärker sein. Dorothea läßt nicht mehr los von diesem Gedanken.

Als ihr die müden Augen zufallen, ist sie im Traum bei Helmut. Sie hört seine Stimme und sieht seinen Mund, der zu ihr spricht: Ich will stark und tapfer sein!

Als Dorothea erwacht, steht schon der leuchtende Morgen über dem Land. In einer Stunde ist sie am Ziel.

Inmitten blühender Bäume und Gärten liegt das Lazarett. Scheu öffnet sie die große Eingangstür und kommt in die helle Vorhalle. Eine Schwester fragt nach ihren Wünschen, und Dorothea nennt ihren Namen. Dann wartet sie.

Nur noch einmal sehen, überfällt es Dorothea, ihm nur noch einmal sagen können, wie lieb ich ihn habe.

Die Schwester schreckt Dorothea aus ihren Gedanken auf. Der Chefarzt läßt bitten.

Dorothea sitzt einem gütigen, älteren Herrn gegenüber. Sein warmer Blick und seine Worte geben ihr neuen Mut. „Seien Sie stark und tapfer", sagt der Arzt, „und geben Sie damit Ihrem Sohn neue Kraft. Eine Beinamputation war leider nicht zu vermeiden, und das Bewußtsein, nicht mehr recht gehen zu können, trifft Ihren Jungen sehr schwer. Der Wille zum Leben aber muß stärker sein: Geben Sie

Ihrem Jungen durch Ihre Liebe diesen Willen zurück – er scheint ihn verloren zu haben …!"

Nun sitzt Dorothea an dem Bett ihres Jungen. Sein Kopf liegt bleich in den Kissen. „Mutter", sagt er, und ein Schein der Freude geht über sein Gesicht.

Dorothea erzählt von den Dingen daheim, spricht von Kurt und Walter und wird nicht müde, ihm alles das zu sagen, was seinem Leben wohl noch Inhalt und Wert zu geben vermag.

„Du mußt gesund werden, Helmut", fleht Dorothea, „wir warten ja auf dich."

Nach drei Tagen nimmt Dorothea von ihrem Ältesten Abschied. Sie hält seine Hände, und gleich einer Bitte kommt es über ihre Lippen:

„Auf Wiedersehen – Helmut."

„Ja", sagt Helmut, „auf Wiedersehen, um deinetwillen, Mutter!"

Tags darauf ist Dorothea wieder im Dienst, wieder bei ihrer Arbeit und ihren Kindern.

Mit restloser Fürsorge umgibt sie die kleinen Patienten, und viele dankbare Augenpaare leuchten ihr entgegen.

Oft sind zwei Hände viel zu wenig, um alles zu schaffen, und trotzdem, mit einem fröhlichen Lachen werden alle Schwierigkeiten vertrieben, und der feste Wille macht auch hier das unmöglich Scheinende möglich.

Auf ihrem nächtlichen Rundgang lauscht sie den tiefen Atemzügen der schlafenden Kinder, hört sie das leise Wimmern und Klagen der Neueingelieferten.

Der Mond wirft sein gespenstisch helles Licht auf den Gang, und die Sterne stehen am Horizont.

Ein Stern löst sich jetzt aus dem klaren Zelt und fällt in die große Stadt. Was könnte sich Dorothea anderes wünschen als die Gesundheit von Mann und Kind.

Wieder ist es das Heulen der Sirenen, welches ihrem Denken ein Ende macht. Es hat wohl nicht anders sein können in dieser einzig schönen Sternennacht.

Als Dorothea noch mit den letzten Kindern auf dem Weg in die Schutzräume ist, fallen schon die ersten Bomben. Wer hätte es voraussagen können, daß diese Nacht eine grauenvolle Schreckensnacht würde?

Fast pausenlos hört man die Einschläge der Bomben, dazwischen das Bellen der Flak, das Weinen der Kinder und Stöhnen der Kranken.

Immer neue Wellen umkreisen die Stadt, und die aufleuchtenden Brände weisen Richtung und Ziel.

In dieser Nacht findet Dorothea keine Ruhe mehr. Als die Sirenen das Entwarnungssignal geben, beginnen für sie Stunden des härtesten Einsatzes.

Dicke Rauchschwaden haben die Stadt eingehüllt. Überall scheint es zu brennen. Das Rufen der Feuerwehren durchdringt gellend den kommenden Morgen.

Schier endlos scheint die Reihe der Bahren und Decken, auf denen die Verwundeten dieser Nacht liegen.

Schmerzverzerrte Gesichter, verstümmelte Glieder, Blut und Tränen – so weit das Auge sehen kann.

Die Gänge sind angefüllt mit Leichtverletzten, die nach der Behandlung wieder entlassen werden.

Alles arbeitet fieberhaft.

Hier ruft eine Frau nach ihrem Mann, dort ein Kind nach seiner Mutter, und der Schrecken dieser Stunden ist allen ins Gesicht gebrannt.

Dorothea weicht nicht von ihrem Platz. Wie oft hat sie der Gedanke aufgerichtet, helfen zu können, und hier liegen nun so viele Menschen, die ihrer Hilfe bedürfen. Sie geht von Bahre zu Bahre, versucht hier und da ein Wort des Trostes zu finden, doch vergebens – die Worte ersterben auf ihren Lippen im Angesicht dieses namenlosen Leids.

Durch den Stationsarzt wird Dorothea abgerufen und findet nun ihren Platz am Verbandstisch.

Ohne Unterbrechung gibt sie Instrumente und Verbandstoff in die Hand des Arztes. Hier wird nicht mehr von helfen und heilen gesprochen, hier überdeckt die blutige Hand des Chirurgen jedes Denken, Fühlen und Empfinden.

Gegen Mittag wirft die Sonne ihren spärlichen Schein durch Rauch und Qualm in die verwüstete Stadt.

Immer noch irren die Menschen ohne Weg und Ziel durch die Straßen. Fliehen, Rettung heischend, gehetzt und gepeinigt in irgendeine Richtung – nur fort, fort, fort!

In der kommenden Nacht findet der Angriff seine Fortsetzung. Dorothea hat das Krankenhaus nicht verlassen. Nach Stunden banger Sorge um Kinder, Mutter und Heim brachte Kurt die Nachricht, daß alles gesund und in Ordnung sei.

Sie kann also weiterschaffen.

Seit einer Stunde prasseln nun wieder Spreng-, Brand- und Phosphorbomben auf die Stadt hernieder.

Gewaltige Detonationen erschüttern immer wieder die Luft. Bei jedem Einschlag in der Nähe des Krankenhauses schwankt der Keller, als würde er in die Luft gehoben. Schutz und Hilfe suchend, klammern sich die Menschen aneinander. Wilde Schreie der Verzweiflung durchbeben die Luft.

36

Wie ist Dorothea in dieser Stunde ums Herz?

Worte vermögen es nicht zu sagen, sie weiß nur, daß sie aushalten muß, aushalten!

Sie kämpft mit einer entsetzlichen Unruhe, sie fühlt, daß etwas geschehen ist, sie weiß nicht, was, aber sie spürt es – und sie muß aushalten, aushalten …!

Eben geben die Sirenen das Entwarnungssignal. Dorothea bittet um Ablösung. Dann flieht sie mit keuchendem Atem durch die Nacht.

Geraume Zeit später steht sie vor den Trümmern ihres Hauses. Von den Nachbarhäusern greifen die Brände über und vollenden das schaurige Bild der Zerstörung.

Die Kinder, ist der erste Gedanke, den Dorothea in dieser Sekunde fassen kann, wo sind die Kinder?

Sie läuft hin und her, ruft und fragt, doch keiner hat die Kinder gesehen. In ihrer Verzweiflung versucht sie, in die Kellerräume zu gelangen. Sie stürzt hin, rafft sich wieder auf und versucht mit letzter Kraft, die schwere Eisentür zu öffnen.

Eine unheimliche Hitze schlägt ihr entgegen. Der Keller ist leer. Dorothea läuft zurück.

Die Glut des immer stärker um sich greifenden Brandes versengt ihr die Haare. Auf der Straße angelangt, beginnt sie von neuem die Suche nach Mutter und Kindern.

Als die restlichen Mauern des Hauses mit unheimlichem Getöse in sich zusammenstürzen, bleibt den Menschen auf der Straße für Sekunden der Atem stehen.

Dorothea findet nicht mehr die Kraft, diesem Schauspiel zuzusehen.

Wieviele Erinnerungen, wieviel Freude und Glück sinken mit diesen Mauern in die Tiefe.

Männer machen sich daran, den Brand einzudämmen, um nicht noch weitere Häuser zu gefährden.

Frauen schleppen Eimer um Eimer mit Wasser – doch das Werk der Zerstörung läßt sich nicht bezwingen.

Immer neu aufflackernde Brände erleuchten die Nacht schaurig hell.

Der Tag will gar nicht kommen. Und als er endlich anbricht, gelingt es ihm nicht, sich zu behaupten. Dunst und Qualm lassen den Tag wieder zur Nacht werden.

Dorothea streicht sich die schweißverklebten Haare aus dem Gesicht, und immer wieder findet ihr Blick zu den Trümmern ihres Hauses zurück. Unablässig starrt sie auf einen Punkt inmitten des Schutts und Gerölls.

Stumm schreitet sie jetzt auf diesen Punkt zu, und da wird ihr das Furchtbare zur Gewißheit – es ist die Hand der Mutter.

Sie preßt einen Schrei von ihren Lippen. „Mutter, oh Mutter!" Wie eine Wahnsinnige beginnt sie in den Trümmern zu wühlen. Schon längst bluten ihre Hände, doch sie gönnt sich keine Ruhe. Als sie nach Stunden die Mutter aus den Trümmern geborgen hat, wirft sie sich weinend über sie.

Verzweifelt schreit Dorothea: „Mutter, wo sind die Kinder, Mutter, sag nur das eine noch!"

Doch kein Wort kommt mehr über die eingefallenen Lippen. Die Flamme des Lebens ist erloschen.

Ratlos stiert Dorothea vor sich hin, um sie herum ist alles ausgestorben, verlassen, leer.

Was tun – wohin?

Angst und Ungewißheit treiben sie fort, die Kinder – wo sind die Kinder?

Hundert Gedanken wirbeln Dorothea durch den Kopf. Mutter und Kinder – das wäre zuviel! Sie läuft durch die mit Trümmern und Scherben übersäten Straßen zu ihrer Schwester.

Vielleicht sind die Jungen bei ihr.

Doch schon von weitem sieht sie, daß auch dort alles in Trümmern liegt.

Vielleicht sind sie in der Obdachlosensammelstelle? Mit fliegendem Atem rennt sie weiter.

In der Sammelstelle für Obdachlose sitzen die Menschen dicht gedrängt. Menschen, die in einer Nacht heimatlos geworden sind.

Dorothea geht stumm durch die Reihen. So viele Gesichter findet sie, die ihr Leben schon einmal gekreuzt haben – nur die Augen ihrer Kinder nicht.

Eine wilde Verzweiflung droht sie zu überwältigen, und immer mehr frißt sie den Gedanken in sich hinein, daß auch sie unter den Trümmern begraben liegen. Gegen Mittag nimmt sie den Weg ins Krankenhaus.

Schweigend geht sie an ihre Arbeit, nur jetzt nicht denken müssen.

Noch immer reißt der Strom der Kranken und Hilfsbedürftigen nicht ab.

„Bitte kümmern Sie sich erst um die Rauchvergifteten, Schwester", ruft ihr Dr. Hartmann zu.

„Ja, Herr Doktor." Erst um die anderen kümmern, denkt Dorothea, so ist der Dienst. Zuerst die Kranken, dann noch einmal die Kranken und ganz zuletzt das kleine eigene Ich.

Die Rauchvergifteten liegen im ersten Stock. Eine tiefe Ohnmacht hat die meisten befallen. Durch künstliche Atmung versucht Dorothea, sie wieder ins Leben zurückzurufen.

Wie hängt doch jeder einzelne an seinem Leben und wieviel bedeutet es ihm gerade in einer Stunde, in der er viel, oft alles, verloren hat.

So ist Dorothea mit ihren Kranken glücklich, wenn die Herzen wieder schneller schlagen und das Leben pulst.

Sie läßt ihre Blicke von einem zum anderen gehen, findet hier ein gutes Wort und kann dort eine Bitte erfüllen. Überall ruft man die Schwester, und in diese Rufe tönt eine Stimme, erst zaghaft, dann lauter und deutlicher:

„Mutter, Mutter!" Dorothea wendet sich erschrocken um, läuft auf das Bett zu, von dem der Ruf gekommen ist – und glaubt, ihr Kind zu finden.

Wie groß ist die Enttäuschung, als vor ihr ein Mädel liegt, das in seinem Fieber nach der Mutter rief.

Wieder bricht eine Hoffnung zusammen.

Als das Notwendigste getan ist, muß sich Dorothea selbst ein paar Minuten Ruhe gönnen. Ihre Kräfte dürfen nicht erlahmen, und wer weiß, wie viele Tage und Nächte des Einsatzes noch bevorstehen.

Auf dem Wege in das Schwesternzimmer begegnet sie dem Chefarzt der chirurgischen Abteilung.

„Sind Sie schon bei Ihren Kindern gewesen, Sie kleine Rabenmutter?" „Bei meinen Kinder? Nein, Herr Professor, ich bin augenblicklich in der Männerstation."

„Ich meine doch nicht die Kinderabteilung, Schwester. Ich meine zwei verwaiste böse Buben, die auf den Namen Kurt und Walter hören und die vor einer Stunde mit ein paar kleinen Schrammen bei mir eingeliefert wurden."

„Das ist doch nicht möglich", denkt Dorothea laut, „die beiden hier?" „Im Erdgeschoß, Zimmer zwölf, aber gehen Sie gleich, bevor uns die Kerle wegen schlechter Behandlung wieder ausreißen!"

Und Dorothea läuft so schnell sie ihre Füße tragen können. Vor der Tür mit der Zahl zwölf bleibt sie stehen. Schon hat sie die Türklinke in der Hand und doch wartet sie. Warum zögert sie? Kleine Schrammen und dann auf zwölf im Erdgeschoß – hat der Professor etwas verschwiegen?

Hat ihr nicht schon einmal ein Arzt gesagt – eine Amputation war leider nicht zu vermeiden?

Endlich faßt sie sich ein Herz. Dann atmet sie befreit auf. Als sie das Krankenzimmer betritt, sieht sie zwei lachende Jungen, die ihr entgegenwinken.

„Was macht ihr nur für Sachen", sagt Dorothea. „Ich habe solche Angst um euch gehabt", und mit tränenerstickter Stimme flüstert sie, „nun seid ihr wieder bei mir, meine Jungen, o Dank, daß ich euch wieder habe."

Aus den Tabellen ersieht Dorothea, daß die Verletzungen wirklich nicht schwer sind. Walter hat ein Flaksplitter am Oberschenkel erwischt, und Kurt hat sich eine Rißwunde am rechten Unterarm zugezogen.

Was soll sie jetzt viel fragen nach dem Wo und Wie, sie ist nur glücklich, daß ihre Kinder leben.

Mit diesem Gefühl eines großen, tiefen Glücks geht sie wieder an ihre Arbeit. Am anderen Tag besucht sie als erstes ihre Jungen. Wer braucht es zu wissen, daß sie sich noch in der Nacht zu ihnen schlich, um ihren Atemzügen zu lauschen. Mit ihr kommt die Sonne und der neue Tag voll Licht und Zuversicht.

Die Jungen dürfen schon kurze Zeit aufstehen, und Dorothea geht mit ihnen in den Garten.

Dort erleben sie das große Wunder der Natur, das zwischen Schutt und Trümmern neues Leben wachsen läßt.

Dorothea spricht von der Großmutter, und die Jungen hören schweigend zu.

Sie alle fühlen, daß sie ihnen sehr fehlen wird, aber sie wissen, daß die Liebe ihres Herzens auch über den Tod hinaus weiterlebt.

Trieb sie doch die Sorge um die Kinder an jenem Tag noch mal ins Haus zurück – die Sorge um der anderen Leben!

Dorothea findet nun mit ihren Jungen Unterkunft bei einem Bruder ihres Mannes.

Ein Zimmer hat sich Dorothea eingerichtet, so gut es eben geht. All die Dinge, die an das eigene schöne Heim erinnern könnten, fehlen.

Das Bild der Großmutter aber hängt an der Wand, umkränzt mit jungem, frischem Grün. So ist sie immer bei ihnen. Ihre gütigen Augen können alles sehen, und ihr Blick ist Trost in dieser schweren Zeit.

Auf dem Schreibtisch steht ein kleines Bild des Vaters. Sein Bild schmückt ein Strauß Vergißmeinnicht, die Dorothea liebevoll um den Rahmen gewunden hat.

Wie oft hat sie in diesen vergangenen Tagen und Nächten an ihren Mann gedacht.

Immer war ihr Weg gezeichnet durch sein Vorbild, aber waren ihr gegenwärtig Kampf und Trost der großen Front. Ihre Jungen werden jetzt von der Tante betreut und umsorgt. Sie hat selber keine Kinder und verschwendet ihre ganze Liebe an die beiden Buben.

Die Jungen danken ihr durch einen unermüdlichen Fleiß. Wenn Dorothea abends nach Hause kommt, sind die Jungen noch nicht daheim, auch ihnen hat der Krieg seine Pflichten aufgezwungen. Walter macht Kriegsdienst bei der Straßenbahn, und der kleine Kurt hat das Spielzeug mit der Einkaufstasche vertauscht.

Jeder Fliegeralarm verlangt von ihnen Bereitschaft, und jeder Angriff fordert Bewährung.

Und die große Angriffswelle reißt immer noch nicht ab. Immer wieder zwingt die Sirene die Menschen, Schutz zu suchen. Immer wieder dröhnt die Flak und bersten die Bomben.

Ist es nun endlich der Gnadenstoß für die sterbende Stadt? Die Menschen sind stumm geworden, sie klagen und schreien nicht mehr – kein Leib bäumt sich auf, und keine Stimme erhebt sich. Man hat längst abgeschlossen mit dieser Welt.

Dorothea ist im Dienst und findet keine Ruhe. Ein erdrückkendes Gefühl überkommt sie und sie wird dieses Gefühl nicht mehr los.

Sie möchte davonrennen, wie schon einmal vor langer Zeit, und wieder kann sie es nicht. Wieder halten sie der Dienst und die Pflicht zurück.

Nach Stunden hat der Angriff endlich sein Ende gefunden. Kranke und Verletzte werden gebracht, und Dorothea findet keine Zeit, nach den Kindern zu fragen. Sie werden schon kommen, flüstert sie in sich hinein, und immer wieder ist eine Stimme stärker, die ihr sagt, sie kommen nicht.

Dorothea hält es nicht mehr aus. Sie hat um einen kurzen Urlaub gebeten und rennt davon.

Tränen stehen in ihren Augen, sie weint und weiß eigentlich nicht, warum, aber die Tränen erleichtern ihr Herz.

Als sie das Haus ihres Schwagers erreicht, weicht sie geblendet zurück vor den Flammen, die ihr entgegenleuchten. Das Haus brennt.

Wieder sind Menschen dabei, zu löschen und spärliche Reste zu bergen, unter ihnen Kurt und Walter.

Doch auch dieses Haus und damit Dorotheas letzte Habe wird ein Raub der Flammen.

Dorothea findet in dieser Stunde keine Worte mehr. Sie möchte zum Himmel schreien, sie will einen Fluch von den Lippen pressen, doch das Bild des Grauens versagt ihr die Stimme.

Sie taumelt wieder ins Krankenhaus zurück. Sie sitzt im kleinen Schwesternzimmer und wartet auf Kurt und Walter. „Wenn sie doch kommen wollten", stöhnt Dorothea, „ich hab ja gar nichts mehr – nur die beiden noch!"

Geraume Zeit später kommen die beiden Jungen. Zerrissen und rauchgeschwärzt sind Gesicht und Hände.

Dorothea küßt ihre zwei und hält sie fest umschlungen.

„Mutter", sagt Kurt und löst sich aus ihren Armen, „ich habe einen Brief für dich."

Unter dem schwarzen Hemd zieht er einen Brief hervor, den er auf der Brust geborgen, und bringt ihn der Mutter.

„Er ist schon gestern gekommen", fügt er leise hinzu.

Dorothea öffnet den Brief. Sie liest.

Dann wird ihr schwarz vor Augen, sie stürzt ans Fenster, will schreien, dann aber bricht sie lautlos zusammen.

Walter eilt zu ihr hin. Dann legen beide die Mutter auf das kleine Ruhebett.

Kurt holt den Arzt. Walter aber hält in seiner Hand den Brief und liest. Die Buchstaben beginnen vor seinen Augen zu tanzen. Er liest einmal, dann noch einmal, und die letzten Worte bleiben unauslöschlich in seinem Gedächtnis haften:

„Möge die Gewißheit, daß Ihr Mann auf dem Felde der Ehre gefallen ist, Ihnen in dieser schweren Stunde Kraft und Trost geben."

Als Kurt mit dem Arzt zurückkommt, sagt Walter nur das eine:

„Vater ist tot – geblieben in der letzten Schlacht."

Wieder wirft die Sonne ihre ersten Strahlen in das kleine Zimmer.

Nach kurzem Krankenlager ist Dorothea wieder aufgestanden. Der Wille zum Leben ist stärker als Tränen und Leid.

Sie geht zu ihren beiden Jungen, die am geöffneten Fenster sitzen, und blickt in ihre großen Augen.

Und sie spürt, daß sie dieses Leben weiterleben muß um ihrer Kinder willen.

In ihnen muß sich erfüllen das Leben dieses Mannes, dem sie diese Kinder gebar.

Schrieb er doch noch im letzten Brief, in dem er von dem Tod seines besten Kameraden sprach:

„Dies aber ist der Wille, den das göttliche Gesetz verkündet, daß der Tod Leben zeugt. Stirbt ein Opfer, so wird das Leben den Tod tausendfach überklingen und als ein mahnender Rufer von uns fordern, dieses Leben zu erhalten!"

Dieses Wort trägt sie nun wie ein stilles Vermächtnis in die Zukunft.

Es gibt ihr Kraft und Zuversicht, Hoffnung auf einen neuen, lichten Morgen; ist in ihr doch geblieben eine große Liebe und eine tiefe Sehnsucht, Sehnsucht nach Frieden …

... und morgen die ganze Welt

Ein Tatsachenbericht

Es kann sein, daß nicht alles wahr ist,
was ein Mensch dafür hält, denn er kann
irren; aber in allem, was er sagt, muß er
wahrhaftig sein, er soll nicht täuschen.

KANT

*D*ies ist die Geschichte einer kleinen Stadt. Vielleicht kennst du sie. Sie sieht aus wie alle kleinen Städte. Hat eine Kirche, einen Marktplatz und einen Bahnhof, bunte Häuser und Gassen, in denen die Kinder spielen. Die Menschen sind so wie du und ich. Sie lieben und hassen, arbeiten und leben – in einer Zeit, da der einzelne nichts und das Volk alles sein soll. Man schreibt das Jahr 1943. Du merkst es an den Gesichtern der Frauen und Mütter, an Marschtritten und Uniformen, an den Alten und den noch zu jungen, die zurückgeblieben sind. Wie so oft im Leben hat eine bewegte Zeit auch in dieser Stadt die einen nach oben getrieben und die anderen unten sein lassen. Du wirst ihnen hier begegnen: den Mächtigen und den Verdammten, den Mutigen und den Ängstlichen. Du wirst dabei spüren, wo ein Herz schlägt, erkennen – wo ein Gewissen schweigt. Denn darüber täuscht nichts hinweg. Weder heute noch morgen. Abschließend der Hinweis, daß dieser Bericht in allen Einzelheiten auf Tatsachen beruht. Geändert wurden lediglich die Namen der Personen, hier können etwaige Übereinstimmungen nur rein zufällig sein, sie sind in keinem Falle beabsichtigt.

November 1943. Es ist Sonntag. Die schneebedeckten Gipfel der Berge leuchten im ersten Sonnengold des anbrechenden Tages. Noch liegt das kleine Städtchen am Fuße des Kaisergebirges traumhaft versunken in Ruhe und Frieden.

Da hallt durch die Stille ein Glockenschlag.

Sieben Schläge.

Frühmesse.

Durch die Gassen eilen die Kirchgänger. Das Portal der Pfarrkirche ist weit geöffnet.

Gespräche verstummen.

Betende Menschen.

Ihre Hände halten den Rosenkranz. Fast unmerklich die Bewegung ihrer Lippen:

> Gnade –
> Barmherzigkeit –
> Erlösung.

Der Gottesdienst beginnt. Durch den weiten Raum klingt leise das Gloria patri, Gloria filio. Dazwischen ein feierliches Veni creator spiritus.

Nun kündet der Pfarrer das Wort des Herrn:

Mit verhaltener Stimme endet er:

„... und so traget die Last dieser Tage und wisset, so Gott einen Menschen recht an sich binden will, ruft er seinen treuesten Gesellen, seinen zuverlässigsten Boten, und das ist der Kummer, und sagt zu ihm: eile ihm nach, hole ihn ein, weiche ihm nicht von der Seite."

Durch das Altarfenster fallen Sonnenstrahlen. Sie tauchen das Antlitz des Geistlichen in eine schwache Glut und bleiben auf seinen Händen, die er zum Segen erhoben:

51

Dona nobis pacem.

Das Geläut der Glocken durchschneidet die Stille.

Dumpf und breit ergießt sich der Strom der Gläubigen auf die vom Herbstwind gezeichneten Straßen.

Auf dem Stadtplatz stehen die Männer noch eine Weile beisammen.

„Geht's mit zum Buchauer auf ein Viertele?"

„Wenn du zahlst!"

Die Gaststube beim Buchauer ist voll.

„Setzt euch da her!"

„Danke, Anni, und bring uns drei Viertel vom Kalterer."

Der Lenz Toni stopft sich die Pfeife, macht ein paar tiefe Züge und blickt in die Runde.

„Schau her, da hockt ja der Ferdl vom Sparchenbauern. He, Ferdl – auf Urlaub?"

Der Ferdl kommt an den Tisch.

„Grüß euch!"

„Grüß dich, Ferdl! Wie lange bist schon da?"

„Drei Tage."

„Na – und wie geht's euch tapferen Kriegern draußen?"

Ferdl schweigt.

„Laß schon gut sein", nimmt der Tröger Franz das Wort, „mein Karl will auch nicht erzählen, wenn er auf Urlaub ist. Aber man liest's ja in der Zeitung – gewaltige Schlachten – muß man schon sagen!"

„Und die neuen Waffen", ereifert sich der Bürgl, „ja, ich mein, so ein Krieg muß doch heute geradezu ein Kinderspiel sein im Vergleich –"

Krachend fällt ein Stuhl zu Boden.

Der Ferdl ist aufgesprungen.

Ballt die Fäuste.

„Kinderspiel?" höhnt er, und seine Stimme wird schneiden scharf, „mit berstenden Granaten, Maschinengewehrgarben; in Dreck, Schlamm und Kälte?

Mit zerfetzten Leibern – ein Kinderspiel?

Warum spielt ihr nicht mit?

Ich frage euch – warum spielt ihr nicht mit!?"

Hart schlägt eine Tür ins Schloß.

Über den Unteren Stadtplatz geht Ferdl nach Zell zu. Er flieht die Stadt.

Will nur seine Berge sehen. Wälder, Weite – keine Menschen.

Von der Höhe des Thierberges sieht er die Stadt zu seinen Füßen liegen. Das Stück Heimat, für das sie draußen kämpfen.

Vier Jahre schon – und wer weiß wie lange noch!

Ferdl nimmt den Weg zum Hechtsee. An seinen Ufern hat er gespielt und geträumt – sorglos. Über sich nur den Himmel und die Sonne.

Dort ist für ihn Leben. Dort – in Stille und Einsamkeit.

Helles Lachen reißt ihn plötzlich aus seinen Träumen.

„Servus, Ferdl!"

Er sieht zurück.

Nichts.

Geht ein paar Schritte weiter.

Wieder nichts.

Hinter ihm Stimmen: „Halt! Stehenbleiben!"

Erschrocken dreht Ferdl sich um. Blickt in zwei grinsende Gesichter.

„Jungenschaftsführer Huber und Hordenführer Müller auf Vorposten. Kein Feind in Sicht!"

Gar nicht einfach, ernst zu bleiben.

„Diese Bande", denkt Ferdl, „macht hier ein Geländespiel und will ihren alten Fähnleinführer ins Bockshorn jagen. Na, warte!"

„Danke", erwidert er kurz. „Feind vor euch. Wald besetzt! Ergebt euch!"

Ungläubig sehen die Jungen ihn an. Der kleine Müller will schon seinen Lebensfaden opfern. Da schreit Huber dazwischen:

„Verrückt, Mensch – wir türmen!"

Doch zu spät.

Schnell ist der Ferdl an ihrer Seite, packt sie bei den Schultern, führt sie schmunzelnd ab.

Kurz darauf ruft ein Fanfarensignal zum Sammeln.

Auf der Burg Stafing schwirren bald die Stimmen der Sieger und Besiegten munter durcheinander.

„Ob sie wohl ahnen, wie dort draußen die Wirklichkeit ist?"

Ferdl begrüßt seine alten Kameraden.

Keine Fragen. Keine Belehrungen.

„Schön, daß du da bist!"

„Was Neues?"

54

„Ja, der Prugger Peter ist gefallen. Man könnte heulen."

„Hm – hilft wohl nichts. Zähne zusammenbeißen. Nicht nachlassen. Es darf doch nicht umsonst gewesen sein!"

Inzwischen sind die Jungen angetreten.

Jetzt ein Kommando:

„Zur Meldung an den Fähnleinführer – Augen rechts!"

Meldung.

„Danke! Ich melde dem Stammführer – die Augen links!"

Der Stammführer nimmt die Meldung entgegen, sagt: „Danke – abrücken!"

Kommando: „Augen gerade aus – rechts um! Im Gleichschritt – Marsch! Marschordnung – ein Lied!"

Ferdl hat dem wortlos zugesehen.

„Neuer Stammführer?"

„Ja, Ferdl – der Thomas. Prächtiger Kerl. Kommt von der Front – verwundet –"

„– und der Hans?"

„Hans ist eingerückt. Fallschirmtruppe."

„So – aber er war doch erst siebzehn?"

„Freiwillig!"

„Freiwillig?"

„Na ja, gab Krach zu Hause. Da ist er halt gegangen."

Ferdl würgt es in der Kehle.

„Wie viele noch", hämmert es in seinen Schläfen. Und von irgendwo hallt es monoton wider: einrücken – freiwillig – einrücken – freiwillig – und die Jungen singen. Singen:

„... wir werden weitermarschieren, wenn alles in Scherben fällt, denn heute, da hört uns Deutschland, und morgen – die ganze Welt!"

In der Nacht ist leichter Schnee gefallen.

Von seinem Schreibtisch aus kann Thomas auf den Pendling sehen. Liegt heute morgen da wie ein überzuckerter Riese.

Vor wenigen Tagen war er mit dem Ferdl oben auf der Hütte. Es war sein letzter Urlaubstag.

Tiefes Schweigen beherrscht lange Zeit den engen Raum. Jeder vermeinte den Herzschlag des anderen zu hören.

Oder war es der Wind, der draußen um die Hütte pfiff?

„Angst?" durchbrach Thomas die lähmende Stille.

„Ja, Thomas", kam es zögernd zurück, „Angst – aber nicht vor dem da draußen. Angst – vor dem Ende!

Weißt du, wie es an den Fronten heute aussieht? Wir kämpfen.

Um jeden Meter Boden. Und Hunderte bleiben liegen. Einfach liegen. Sind nicht mehr – Blut klebt an unseren Händen. Rotes Blut. Und keiner wäscht es uns ab. Keiner macht es ungeschehen. Kein Führer! Keine Fahne – kein Glaube – keine Treue."

„Und der Sieg? Wird nicht am Ende alles vergessen sein? Das Leiden? Das Opfern? Das Sterben? Es geht ums Ganze, Ferdl! Das Sein oder Nichtsein!

Hast du vergessen, daß in diesem Kampf der einzelne nichts und das Volk alles ist?"

„Nein. Ich werde es auch nicht vergessen!"

Eine Tür knarrt in den Angeln.

Es ist Nacht.

Das Klingeln des Telefons schreckt Thomas aus seinen Träumen auf. Er greift zum Hörer.

„Ja. Heil Hitler! Was ist? Holz zum Basteln? Gut, einkaufen. Bitte die Rechnung vorlegen! Appell heute um 16.00 Uhr? Schön – ich komme vorbei. Alles? Danke. Ende. Heil Hitler!"

Terminkalender.

16.00 Uhr Fähnleinappell.

„Mal wieder dick heute", brummt Thomas, „14.00 Uhr KLV-Lager. 16.00 Uhr Fähnleinappell. 20.00 Uhr Übung der Nachrichten-Gefolgschaft."

Telefon.

Landratsamt.

„Ja, bitte? – Natürlich, Herr Oberinspektor! Gegen 15.00 Uhr. Jawohl, jawohl – Heil Hitler!"

Auch das noch.

Es klopft.

„Herein!"

„Du, Thomas, der Mosbacher Werner möchte dich sprechen."

„Her mit ihm!"

„Heil Hitler, Stammführer!"

„Servus, Werner. Na, wo fehlt's?"

„Ich soll auf Schilager gehen und habe keine Schuhe."

„So – kannst dir keine ausleihen?"

„Nein – wüßte nicht, woher."

„Wie viele Kinder seid ihr daheim?"

„Acht – und zwei haben immer ein Paar Schuhe."

„Verd – Moment mal."

2 – 4 – 7 – 8

„Ja, hier Hitlerjugend. Bitte die Bezugscheinstelle. Gut – ich warte – Hallo! Ja, bitte würden Sie einmal nachsehen, ob der Mosbacher Werner in den nächsten acht Tagen einen Schuhbezugschein erhalten kann? Ja – M wie –"

Pause.

„Ja. Hat vor einem halben Jahr erst bekommen? Ich verstehe. Sind aber aufgetragen! Leider nicht helfen."

Knack. Aus.

„Was machen wir nun, Werner?"

Achselzucken.

Pause.

Plötzlich Thomas.

„Du – ich hab's!"

2 – 4 – 7 – 8

„Bitte die Bezugscheinstelle. Ja –"

„Schuhbezugschein? Für Sie – erster Antrag? Ja, können wir machen. Morgen früh abholen!"

„Danke! – Rottenführer Mosbacher!"

„Stammführer?"

„Morgen nachmittag um 16.00 Uhr antreten zum Schuheinkauf!"

„Jawohl, Stammführer! Und vielen –"

„Schon gut, Werner. Und nun raus!"

Ein Blick auf die Uhr. 13 Uhr 25. Höchste Eile!

„Ich bin in Stafing!"

„In Ordnung!"

In der Tür dreht Thomas sich noch einmal um.

Schreibtisch. Terminkalender.

24. Dezember.

„M-o-s-b-a-c-h-e-r – acht Kinder!"

„... und verweise ich auf die Ausführungsbestimmungen zum Jugendschutzgesetz. Die Einhaltung dieser Bestimmungen wird zukünftig durch die Polizeiorgane überwacht werden.

Punkt. Schluß. Zwei Durchschläge.

Noch was im Vorzimmer?"

„Ja, jemand von der Hitlerjugend."

„Soll kommen!"

„Der Herr Oberinspektor läßt bitten!"

„Danke. Heil Hitler, Herr Oberinspektor!"

„Heil Hitler. Setzen Sie sich!

Ich habe Sie rufen lassen, um Ihnen zu sagen, daß mir in Ihrem Standort einiges nicht gefällt! Muß anders werden. Schnellstens!

Der dritte HJ-Führer in diesem Monat, der in einem jugendverbotenen Film war! Führer sein – heißt Vorbild sein! Ich erwarte größere Aktivität und strengste Beachtung der Gesetze!"

Verlegenes Schweigen.

„Übrigens – ein besonders hartnäckiger Fall scheint mir der Plank zu sein. Habe die Vorladung zum Arrestantritt bereits ausgeschrieben!"

Pause.

„Hier – bitte."

„Was soll das?"

„Die Adresse von Plank!"

„Ist mir bekannt!"

„So – dann vergessen Sie sie hoffentlich nicht – die fünf Ziffern – die Feldpostnummer des Soldaten Plank!"

Mama Pavel vermietet Zimmer.

Schöne, behagliche Zimmer. Nicht an jeden. Nur an Offiziere.

Sie schätzt Uniformen nicht sehr. Aber man muß mit der Zeit gehen. An das Grau der Soldaten hat sie sich langsam gewöhnt.

Nur Braun – Braun ist eine Farbe, die sie heute noch nicht ausstehen kann.

Die „Befreiung" 1938 war ihr etwas zu gründlich. Wechselstube ohne Grenzverkehr? Mama Pavel fand keinen besonderen Anlaß, dem Führer zu danken.

Ja – und nun vermietet sie Zimmer.

Die Mieter werden ihr zugewiesen. Ein Zimmer ist seit Tagen frei.

Die Garnison ist ausgerückt. An die Front.

Zehn Uhr vormittags.

Es klingelt. Der Herr vom Wohnungsamt.

„Heil Hitler, ich –"

„Grüß Gott!"

„– ich bringe Ihnen einen neuen Mieter, Herrn –"

60

„Das Zimmer? Ist schon zugesagt! Ein Offizier! Ein Regimentskamerad meines Mannes!"

Hastig kommen die Worte über ihre Lippen.

„Er muß jeden Tag eintreffen! Er sollte schon da sein! Hören Sie –?"

Der Herr vom Wohnungsamt scheint nicht gehört zu haben.

„Bitte, zeigen Sie uns das Zimmer!"

Eine Stimme, die keinen Widerspruch duldet.

Mama Pavel geht voran.

Öffnet die Tür.

Tritt zurück.

Die Herren sind allein.

„Gefällt es Ihnen?"

„Danke – es sagt mir zu."

„Sobald wir etwas anderes frei haben, hören Sie von uns."

„Wieso –?"

„Ja – hier können Sie nicht bleiben!"

„Warum nicht!?"

„Da – an der Wand! Über dem Bett!"

„Ach so."

„Passen Sie nur auf, daß Ihnen das Ding nicht auf den Kopf fällt!"

Durch die Tür dringt ein heiseres Lachen.

Eilig öffnet Thomas das Fenster.

Drei Monate danach.

„Thomas, kommst du bitte zum Abendessen?"

„Ja, Mama, ich komme!"

Wie üblich ist im Wohnzimmer gedeckt. Die Familie hat Platz genommen.

Das Klingelzeichen. Es wird aufgetragen.

Während der Mahlzeit werden nur wenige Worte gewechselt. Das ist immer so. Nur heute fällt es Thomas besonders auf.

Irgend etwas stimmt nicht – ist anders.

„Fühlst du dich nicht gut, Mama?"

„Doch, Thomas, danke."

„Schlechte Nachrichten vom Papa?"

„Nein – es geht ihm gut."

Nachdenklich legt Thomas seine Serviette zusammen.

Jörg, der Jüngste, tut ein Gleiches.

„Darf ich aufstehen?" fragt er kurz darauf.

„Ja, Jörg – aber gehe bitte nicht mehr fort!"

Wenig später verabschiedet sich Thomas.

„Ich bin heute abend bei den Segelfliegern. Wohl gegen zehn Uhr zurück."

„Ist gut, Thomas – auf Wiedersehen!"

Elf Schläge von der Turmuhr.

Licht im Hausflur.

Leise wird eine Tür geschlossen.

Plötzlich ein Geräusch von oben.

„Hallo! Ist dort jemand?"

62

„Ich bin es – Thomas."

„Mama, du bist noch nicht zur Ruhe?"

„Nein, ich – ich habe auf dich gewartet!"

„Du hast gewartet. Was ist geschehen?"

„Thomas, du mußt mir helfen! Der Jörg soll fort!"

„Wohin?"

Nur zögernd kommt die Antwort.

„In eine Adolf-Hitler-Schule!"

„Hm, wer hat ihn vorgeschlagen?"

„Sein Lehrer."

„So – hast du mit dem Lehrer gesprochen?"

„Ja. Er meinte, ich müßte ihn gehen lassen. Alle, alle meinten es – so oder so!"

Bedrückende Stille.

Ruhelos wandert Thomas von der Tür zum Fenster.

Vom Fenster zur Tür.

Einmal – zehnmal – hundertmal.

Irgendwo schlägt eine Uhr. Kläfft ein Hund.

Jetzt eine Stimme. Müde. Gequält.

„Verzeih, Thomas, ich hätte es dir nicht sagen sollen."

Thomas hält inne.

Starrt aus dem Fenster.

Jetzt dreht er sich um. Antwortet:

„Laß nur, Mama. Wir müssen uns alle einmal entscheiden. Früher oder später.

Der Jörg wird bleiben – gute Nacht!"

20. April 1944.

Geburtstag des Führers.

Parteiversammlung.

Der große Kaisersaal ist bis auf den letzten Platz besetzt. Ein Durcheinander von Stimmen. Nun ein Kommando.

Einmarsch der Fahnen und Formationen.

Einmarsch beendet.

Fanfarenruf.

Meldung an den Hoheitsträger der Partei.

Im Saal andächtige Stille.

Die Versammlung beginnt.

Gedicht:

Mein Führer! Großdeutschland heute vor dir steht / Um dir aus übervollem Herzen Dank zu sagen. / Wenn auch der einzelne vergeht / Dein Werk wird in die Zukunft ragen / Du hast befreit …

Nach dem sechsten Vers tritt der Sprecher ab. Leises Gemurmel. Undeutbar. Dann Ruhe.

Der Kreisleiter spricht:

„… wir werden siegen! Wir müssen siegen! Es wird in diesem Kampf nur Überlebende oder Vernichtete geben!"

Nach zwanzig Minuten die ersten Wiederholungen.

In der letzten Reihe werden Stühle gerückt.

Die Stimme wird lauter, eindringlicher – überzeugender?

„… der Garant des Sieges aber ist unser Führer, zu dem wir heute erneut ein Bekenntnis unverbrüchlicher Treue ablegen. Er hat erklärt: Unsere Gegner mögen diesen Krieg führen, solange sie in der Lage sind. Was wir tun können, um sie zu schlagen, das werden wir tun! Daß sie uns jemals schlagen, ist unmöglich und ausgeschlossen. Nur das nationalsozialistische Deutschland und die mit ihm verbündeten Staaten werden als junge Nationen, als wirkliche Völker und Volksstaaten aus diesem Krieg mit einem glorreichen Sieg hervorgehen!"

Beifall.

Der Redner nimmt Platz.

Ein anderer erhebt sich.

„Wir grüßen den Führer!"

Alles steht auf.

„Unser Führer Adolf Hitler – Sieg heil! Sieg heil! Sieg heil!"

Die Fahne hoch.

Die Versammlung singt. Hält mannhaft aus.

Dann werden die Türen geöffnet.

Die Masse drängt, verliert sich in der dunklen Nacht.

Hier und da noch Stimmen.

Zwei in der Nähe:

„Man sollte –"

„Was meinst du?"

„Heu sollte man ihnen geben! Den Ochsen – die immer noch an den Sieg glauben!"

Um die Ecken heult der Wind.

Wieder ein Frühling.

Berghänge und Gipfel im Sonnenglanz. Erhabene Schönheit, die den Alltag vergessen macht.

Losgelöst von der Erde, hingegeben dem ewigen Rhythmus der Natur, umfängt dich ein tiefes Erleben. Du bist frei. Erlöst von den Fesseln des Seins. Bist nur – du selbst.

Schweigsamer Hochwald nimmt die jungen Wanderer auf.

Rauschende Wasserfälle stürzen zu Tal. Kein Wort entweiht die Größe dieses Augenblicks. Und zwingend bannt der Gipfel ihre Blicke.

Voll Ehrfurcht verharren sie. Ja – selbst vor dem Kleinsten, dem Geringsten! Das wildzerklüftete Bärental liegt jetzt hinter ihnen. Nur noch wenige Schritte – das Ziel des Tages ist erreicht!

Vor dem Unterkunftshaus steht der Wirt und schaut nach dem Wetter aus. Seine finstere Miene verheißt nichts Gutes:

„Ich glaub', da kommt noch was", raunzt er vor sich hin, „ich mein –"

„Hast recht, Toni, da kommt noch was. Aber kein Wetter. Zwölf Mann zum Übernachten!"

Bedächtig dreht sich der Alte um. Holt einmal tief Luft und poltert los:

„Da wär' mir ein tüchtiges Wetter schon lieber als eine Horde Buben!"

„Sei nicht so grantig, Toni! Können wir bleiben?"

„Hab' ich gesagt, daß ihr nicht dableiben könnt? Geht nur hinauf!"

Im Weggehen blickt der Toni noch einmal noch oben. Am Horizont stehen schwarze Wolken.

„… daß die Buben immer alles besser wissen. Natürlich kommt's. Ich hab' es doch gesagt. Und was ich sage …"

In der Ferne grollt der Donner.

Ein kurzes, heftiges Gewitter hat den Himmel blankgefegt.

Die ersten Sterne wagen sich hervor.

Nacht bricht herein.

Schon zeitig haben die Jungen ihr Lager aufgesucht.

Der frühe Tag soll sie dem Gipfel näher bringen.

Um Mitternacht knarrt eine Tür. Thomas erwacht. Der Platz neben ihm ist leer.

„Jürgen?" murmelt er verschlafen und dreht sich auf die andere Seite.

Das Rauschen des Kaiserbaches bringt Vergessen. Alles ist wieder still.

Plötzlich ein Schrei!

Thomas fährt hoch. Hat er geträumt?

„Wo ist Jürgen?"

Thomas rennt nach draußen. Ruft. Läuft ums Haus. Da stockt sein Schritt. Hinter dem Haus steht eine Bank. Dort sitzt er. Regungslos.

„Jürgen", bringt Thomas atemlos hervor, „hast du gerufen? Was ist los?"

Entgeistert blickt der andere ihn an.

„Ach – du, Thomas! Gerufen? Nein."

Unschlüssig steht Thomas da.

Jürgen hat den Blick abgewendet. Schweigt. Starrt in die Dunkelheit.

„Ist dir nicht gut?"

„Danke, Thomas. Ich – ich will allein sein!"

Nicht weit entfernt liegt ein Fels. Thomas setzt sich.

Die Nacht ist kühl. Ihn fröstelt. Doch – er wird bleiben. Wachen. Warten.

Durch das Geäst der Bäume streicht der Wind. Vielleicht nimmt er die Gedanken auf? Trägt sie hinüber?

Eine Hoffnung.

Nicht mehr.

Ob er nicht doch etwas fragen sollte?

Nach einer Weile erhebt sich Thomas. Geht langsam auf das Haus zu. Unter seinen Füßen knirscht der Sand.

„Jürgen", raunt er in die Dämmerung, „laß uns hineingehen. Es wird bald Tag!"

„Du bist noch da?"

Seine Stimme klingt schroff und kalt.

„Ich wollte –"

„Ich weiß, Jürgen, du wolltest allein sein."

„… und warum bist du nicht gegangen?"

„Warum? Vielleicht hatte ich Angst um dich."

„Angst? Um mich – den Sohn eines –"

„Sprich nicht weiter!" herrscht Thomas ihn an, „was soll das alles? Nun rede endlich!"

Minuten schleichen dahin.

Im Osten wird es Tag.

Dann – wie von weither – Jürgens Stimme:

„Weißt du, daß ich die Einberufung erwarte?"

„Ja, ich habe davon gehört!"

„Auch daß ich Offizier werden möchte?"

„Du hast es mir einmal erzählt."

„Die Partei muß ihre Zustimmung geben, und –"

„Und?"

„Sie lassen mich nicht", kommt es erregt zurück, „sie haben gesagt, der Sohn eines KZ'lers könnte niemals Offizier werden!"

Eisiges Schweigen läßt den Atem erstarren.

Verzweifelt sucht Thomas nach einem Ausweg. –

„Trifft es dich so sehr, Jürgen? Was hätte dein Vater zu diesem Wunsch gesagt?"

„Mein Vater? Er war auch Offizier und meinte, das Vaterland verteidigen sei keine politische Sache!"

„So –. Und es gibt für dich kein anderes Ziel?"

„Nein, Thomas!"

„Wirklich nicht?"

„Nein! Nur das eine."

Drei Wochen später.

Auf dem Bahnhof.

„… und laß von dir hören, Thomas. Hier ist meine Anschrift, weil ich nicht weiß, ob wir zuerst –."

Der Zug rollt aus der Halle.

Versonnen sieht Thomas ihm nach.

Dann blickt er auf den kleinen Zettel. Liest halblaut vor sich hin:

„Offiziersbewerber Jürgen Sailer."

Im Café Horlacher tagen die Pennäler. Nicht regelmäßig. Wie es sich trifft. Man kommt und geht – geht und kommt. Knallt seine Mappe in die Ecke, setzt sich an einen der runden Tische, bestellt etwas, oder auch nicht, und lästert. Lästert über die Penne, die Pauker oder irgend etwas. Ist ja egal. Hauptsache, man kann mal reden und ist unter sich.

Manchmal wird auch gearbeitet. Das heißt – genauer gesagt, man schreibt ab. Notiert Tips für die nächste Mathematikarbeit. Verteilt lateinische Übersetzungen. Überlegt, welche Stunde am nächsten Tag geschwänzt werde könnte.

Soll gar nicht so neu sein!

Ja – und ein Geheimnis haben die Herren natürlich auch. Daher bevorzugen sie übrigens das Nebenzimmer. Da sind nämlich zwei Luftklappen. Und die spielen dabei eine nicht unbedeutende Rolle.

Aber lassen wir das.

Sehen wir uns ein wenig um.

Gleich neben der Tür sitzt der Larcher Peter. Kaut auf seinem Bleistift. Macht ein verzweifeltes Gesicht. Jetzt blickt er auf die Uhr. Seufzt. Ist wieder in sein Heft vertieft. Brummt etwas. Hört sich an wie „blöder Pythagoras", aber es könnten auch französische Vokabeln sein.

Kurz darauf erscheint Gerd.

Stürmische Begrüßung.

Lässig steuert er auf den Tisch der Primaner zu. Gespannte Erwartung. Wenn Gerd kommt, weiß man, es ist etwas fällig!

Er blickt in die Runde. Fast drohend.

„Na, wie steht's. Wer wagt es, Rittersmann oder Knapp und – schreibt mir einen Aufsatz?"

Verlegenes Räuspern. Schmunzeln.

„Keiner? Ihr Feiglinge!"

Unter fröhlichem Gelächter nimmt er Platz. Nimmt einen kräftigen Schluck aus dem Limonadenglas vom Weindl Hans und ergreift wieder das Wort:

„Mensch, Kinder, sagt mal, wie konnte der Pelle bloß auf so ein verrücktes Thema kommen? Wie weit seid ihr?"

Der Mayr Franz zückt sein Heft. Schlägt es auf.

„Hier, die Überschrift steht", und mit dem Pathos eines Volksredners zitiert er: „Gegengewichte gegen den Druck unserer harten Zeit!"

„Zu wenig! Wer ist weiter?"

Hier und da ein Einleitungssatz. Das ist alles.

„Also, Jungs, einer für alle, alle für einen. Macht Vorschläge!"

Und dann geht's los.

„Wie wäre es mit den Affen?"

„Affen – wieso?"

„Na ja, mein alter Herr hat mir erzählt, irgendein fremdes Volk kennt ein Symbol von den drei Affen: Der eine bedeckt die Augen, der zweite die Ohren und der dritte den Mund."

Nachdenkliches Schweigen.

Dann Gerd:

„Nicht übel – gar nicht übel. Aber zu kurz. Also weiter! Wer liest die Zeitung?"

Fast alle.

„Gut, was steht drin? Ich meine – von Goebbels oder so einem?"

Umständlich holt der Franz einen „Völkischen Beobachter" aus der Tasche. Uralte Ausgabe.

„Zeig' her!"

Emsig werden Leitartikel und Tagesberichte überflogen.

„Hört mal", unterbricht Walter nach einer Weile, „was meint ihr dazu: ...wir können stolz darauf sein, am Schicksalskampf des deutschen Volkes teilhaben zu dürfen."

„So ein Quatsch!"

„Oder hier", wirft Kurt ein, „... der Feind steht auf verlorenem Posten. Die Menschen des Ersten Weltkrieges hatten es viel schlechter. Die Soldaten an der Front haben Unvergleichliches zu leisten. Diese Erkenntnisse bestimmen den Kampf der Heimat. Sie sind das Gegengewicht."

„Hör auf! An den Blödsinn glaubt selbst der Pelle nicht mehr. Oder er merkt, daß es aus der Zeitung ist!"

Sorgenvolle Gesichter. Allgemeines Seufzen.

Unwillig haut Gerd auf den Tisch.

„Lutz, du hast doch meistens was auf Lager. Fällt dir denn gar nichts ein?"

Der kleine Rotkopf mit dem Spitznamen „Poet" rückt seine Brille zurecht. Räuspert sich.

„Wir sollten von der Kraft schreiben, die uns aus dem deutschen Kulturleben zuströmt. Der bildenden Kunst. Der Musik. Dem Filmschaffen."

Pause.

„Hm, Hans Moser als Kraftquell – kein schlechter Witz. Was meint ihr?"

Dröhnendes Gelächter.

„Nee, Lutz, wenn du nichts Besseres weißt!"

Gerd wendet sich zur anderen Seite. Versucht es dort.

„Hans, dein Alter ist doch SA-Führer. Kannst du nichts beisteuern – aus Familiengesprächen oder so?"

Hans überlegt. Spielt mit einem Bierdeckel.

Verhalten kommt seine Antwort:

„Vielleicht können wir über den Führer schreiben. Seine Person und sein Wort lassen uns aushalten. Er ist der Garant des Sieges!"

Unheimliche Stille. Alles stiert zu Gerd hin. Weicht irgendwie aus. Draußen geht eine Tür. Ruft jemand nach der Bedienung.

Lange Zeit nichts.

Dann – heftig und erregt:

„Da mach' ich nicht mit! Wer glaubt nach all den Versprechungen und Enttäuschungen noch daran? Klar, daß wir aushalten und siegen müssen. Aber ich meine, das hängt allein von unseren Soldaten ab!"

Hans ist aufgesprungen. Will etwas erwidern. Doch er kommt nicht weit.

„Schluß, meine Herren!" donnert Gerd dazwischen, „keine hohe Politik in diesen heil'gen Hallen. Ich für meine Person halte nichts von Garanten. Muß immer daran denken, daß mir der Pelle in Latein ein ‚Gut' garantiert hat und nachher ein Dreier im Zeugnis stand. Und im übrigen reicht es mir! Fall geht zu den Akten. Unerledigt – versteht sich! Einverstanden?"

Begeisterte Zustimmung. Wie immer, wenn Gerd etwas vorschlägt. Er wird es dem Pelle schon klarmachen. Das wissen sie. Und damit ist eben der Fall erledigt.

„Die Sache mal wieder geritzt", wie der Sandner beim Hinausgehen lachend meint.

Ja – so sind sie, die Pennäler!

Und wie immer räumt Maridl die Tische ab. Öffnet die Fenster. Läßt frische Abendluft herein und dreht das Licht aus.

Dann wird es still im Café Horlacher.

Die alte Nanni hinter dem Büfett gähnt und macht ihre Kasse.

Ist nicht viel, was sie da zusammenzählt.

Aber man lebt.

Lebt – von einem Tag zum anderen.

Spätsommer.

Letztes Ernten.

Langsam rüstet die Natur zu herbstlichem Beginnen.

Aber noch taucht die Sonne Wiesen und Felder in ein strahlendes Licht. Und dieses Licht birgt ein Verhängnis. Wird in diesen Wochen den Menschen zur Qual. Treibt sie in Keller und Bunker. Läßt sie bangen, hoffen und harren.

Doch das Furchtbare – das Letzte – geht an ihnen vorüber. Wieder und wieder. Verblaßt – und macht sie glauben, daß es nie kommen wird. Heute nicht und morgen nicht.

Und dann ist es eben doch da: das Heulen der Sirenen. Das unheilvolle Dröhnen der Flugzeuge. Das Bersten der Bomben!

Minuten der Angst, des Entsetzens, die Thomas auf der Höhe des Thierberges bei diesem Schauspiel durchlebt.

Doch dann – wie von einer unsichtbaren Hand getrieben – rennt er mit fliegendem Atem der Stadt zu, nichtachtend der Gefahr dort über ihm. In der Nähe des Bahnhofes ist die Erde aufgewühlt. Ragen Ruinen als stumme Zeugen der Zerstörung in den Himmel. Klagen Menschen unter den Trümmern ihrer Häuser. In letzter Verzweiflung und höchster Not! Ihr Klopfen und Stöhnen treibt Thomas durch die verlassenen Straßen vorwärts. Drängt das Bild des Geschehens von seinen Lippen und läßt ihn mit den ersten Hilfsmannschaften zurückkehren.

In das eintönige Ächzen der Schaufeln, Spaten und Brecheisen mischt sich das Rufen der Rettungswagen und Feuerwehren. Dringt der gellende Schrei einer Mutter, die dort ihr Kind lebendig begraben weiß. Stunden schleichen wie Minuten dahin.

Auf den Stirnen der Männer erstarrt der Schweiß.

Leblose Leiber. Zerfetzte Glieder.

Grauenvolles Ernten!

Auf dem Adolf-Hitler-Platz hat man die Opfer aufgebahrt.

Erweist ihnen das Volk die letzte Ehre.

Die Zufahrtsstraßen sind für den Verkehr gesperrt, Parteiformationen haben Aufstellung genommen.

Zwischen Blumen und Kränzen – Fahnen und flammende Pylonen.

Fürwahr – ein festlicher Rahmen! Doch da sind die Gesichter der Hinterbliebenen. Hart und unbestechlich in ihrem Schmerz.

Auch dieser Staatsakt wird daran nichts ändern können. Nach den Klängen eines Trauermarsches spricht der Kreisleiter.

Schemenhaft verschwinden die Worte des Mitgefühls hinter dem machtvollen Bekenntnis zu Führer und Reich.

„Ihr Tod verpflichtet uns! Über Gräber vorwärts – am Ende steht unser Sieg!"

Schweigend verharren die Menschen auf ihren Plätzen. Warten – den eigenen Gedanken nachhängend – auf das Ende dieser Rede. Gewiß wird noch ein Führerwort kommen. Wie immer, wenn die anderen nichts mehr zu sagen wissen. Stimmt. Da ist es schon:

„… wer aber bei diesem Angriff Heim und Besitz verloren hat, der wisse mit den Worten des Führers: Was uns gar nicht bewegt, sind die Schäden an unseren Städten, die bauen wir wieder auf, und zwar schöner als jemals zuvor, und zwar in kürzester Zeit!"

Wie ein eisiger Hauch liegt es auf Herzen und Hirnen. Dieses Wort der leeren Hoffnung.

Man will keinen Trost mehr. Keine Versprechungen. Keine abgeschmackten Prophezeiungen.

Dumpfer Trommelwirbel begleitet den Aufruf der Namen:

„Sie starben für Deutschland!"

Dann werden die Särge von dem Katafalk gehoben.

Unter der Weise vom guten Kameraden formiert sich der Trauerzug.

Unzählige säumen die Straßen.

Auf dem alten Friedhof sind endlich die Angehörigen mit ihren Toten allein.

Letzte Zwiesprache.

Schmerzliches Abschiednehmen.

In die Stille hinein eine brüchige Stimme:

„… und nehmt ihr das rote Tuch vom Sarg. Sie würde es mir nie verzeihen."

Über Gräber und Kreuze senkt sich der Abend.

„Servus, Thomas!"

„Grüß dich, Peter, was gibt's?"

„Nichts Besonderes. Das heißt – man kann wohl gratulieren?"

„Wozu?"

„Na, zu der hohen Auszeichnung!"

„Was soll der Quatsch?"

„Wieso – erlaube mal, der Walter hat mir's doch erzählt. Sie haben dich fürs Kriegsverdienstkreuz erster Klasse vorgeschlagen!"

„Ach, Peter – dem bist du wieder einmal auf den Leim gegangen. Kein wahres Wort!"

Entrüstet stürzt Peter ans Telefon. Wählt eine Nummer. Meldet sich:

„Ja – den Schwaiger Walter möcht' ich sprechen!"

Kurze Pause.

„Du, Walter, wie war das mit dem KVK für Thomas? Stimmt die Sache? Hm, hm – für seinen Einsatz bei dem Angriff und so weiter. Klar. Wer hat ihn vorgeschlagen? So – er hat dir's selbst gesagt. Kein Zweifel. Gut – danke dir. Servus derweil!"

Triumphierend bleibt Peter vor Thomas stehen.

„Na, mein Lieber, was sagst du nun?"

Kurzes Überlegen.

„Das wirst du gleich hören! Moment."

Thomas greift zum Hörer. Wählt 4 – 7 – 8 – 3.

„Ja, bitte den Ortsgruppenleiter!"

Pause.

„Heil Hitler, Ortsgruppenleiter! Ich habe gehört, daß –"

„Ja, das trifft zu."

„Ich möchte Sie bitten –"

„–"

„So – ohnehin abgelehnt. Kreisleitung. Mal privat darüber sprechen! Vorbeikommen. Ja, danke, Ortsgruppenleiter. Heil Hitler!"

Behutsam legt Thomas auf.

Blickt in das entgeisterte Gesicht des Freundes.

„Na, Peter?"

„Schweinerei. Sitzt wieder einer oben, der es vorher haben muß!"

„Aber, Peter!"

„Ist ja wahr. Man sollte sie alle …"

Lärmend tuten die Sirenen Feierabend.

Januar 1945.

Durch die Straßen der Stadt marschiert das letzte Aufgebot.

Volkssturmsoldaten!

An der Spitze der Kompanie ein junger Leutnant.

Er marschiert nicht gern durch die Stadt – von wegen Gleichschritt, Vordermann und Seitenrichtung.

Die Alten haben eben ihren eigenen Kopf. Sollen sie. Ihm ist es egal. Nur in der Stadt könnten sie schließlich …

Gewehre haben sie auch. Können noch verdammt gut schießen – die alten Landesschützen. Wenn sie nur wollen!

„Kommt immer auf die Richtung an", meint der Stadler-
bauer.

Er hat genug vom totalen Krieg. Wie alle.

Auf dem Schulhof exerzieren die Jungen.

Schmächtige Gestalten. Auf der Schulter Karabiner oder
Panzerfaust.

Heldenstimmung?

Vielleicht in der Zeitung. Hier sieht es anders aus.

Nachmittags werden sie geschult. Nicht einfach, zuzuhö-
ren, wenn man müde ist und einem die Knochen wehtun.
Aber der da vorne hat eine laute Stimme. Erprobt – auf
dem Kasernenhof.

Gestern war einer von der SS da.

Freiwilligenwerbung!

„Im Geist von Langemarck werden wir den Feind bezwingen. Darum meldet euch – zu den siegreichen Verbänden
der Waffen-SS."

Sie wollten alle zu den Gebirgsjägern.

Pech, daß es die unter Himmlers Truppen noch nicht gibt.

Hin und wieder kommt Thomas. Erläutert den Wehr-
machtsbericht.

Schwierige Sache. Man geht abends nach Hause. Hört
Radio. Kann schon mal passieren, daß ein fremder Sender
dazwischenkommt.

Neuerdings muß er mit ihnen einen Fragebogen ausfüllen.
Frage sechs:

„Warum hast du dich nicht freiwillig gemeldet?"

Zunächst sind immer die Bleistifte abgebrochen. Es wird
Zeit gewonnen.

Selbst Thomas hat es nicht eilig.

Dann wird diskutiert. Schließlich will man ja kein Feigling sein!

Irgendwo meint einer:

„Es ist doch sinnlos – jetzt noch, wo der Feind …"

Natürlich kann man das nicht in den Fragebogen schreiben.

Man weiß ja nicht, wo der abbleibt.

Wenn Thomas doch Auskunft geben würde. Ist doch sonst nicht so.

Aber dem scheint es heute nicht gut zu gehen.

Läuft dauernd hinaus und meint:

„Zeit lassen! Gut überlegen!"

Da endlich faßt sich der kleine Pfurtscheller ein Herz.

Geht auf ihn zu.

„Du, Thomas", meint er zaghaft, „was soll ich denn da hinschreiben?"

Sie sprechen lange miteinander.

Der Pfurtscheller lächelt.

Blöd, daß man nichts verstehen kann. Ob man Thomas ans Telefon schicken sollte? Nicht notwendig, er geht von selber.

Als er zurückkehrt, sind sie mit ihren Fragebogen fertig.

Nanu, er war doch gar nicht lange draußen?

Da soll nur einer sagen, die Jugend ist nicht mehr zu begeistern!

Vierzehn Tage darauf kommt der Inspekteur.

„Ach, was mich noch interessieren würde: Waren in dem letzten Lehrgang nur Bauernburschen?"

„Wieso?"

„Hm, ja – es fiel mir auf, daß Frage sechs unseres Fragebogens von allen Jungen dahingehend beantwortet wurde, daß sie infolge der Einberufung des Vaters und der älteren Brüder die Last des Hofes mittragen müßten – und daher eine Freiwilligenmeldung nicht möglich sei!"

Peinliche Stille.

Dann Thomas:

„Ach so – ja, natürlich – soweit mir bekannt ist, alles Bauernsöhne!"

„So, so – interessant, sehr interessant!"

„Du, Thomas, am Stadtrand heben sie Panzergräben aus."

„So?"

„Die Amerikaner sollen schon vor Augsburg stehen!"

„Hm, man spricht davon."

„Ob wir den Krieg noch gewinnen werden?"

„Ich weiß es nicht!"

„Glaubst du – an die neuen Waffen? Die Leute sagen – alles Schwindel! Man hätte sie längst eingesetzt, wenn –"

„Sie mögen recht haben. Aber wer will das mit Bestimmtheit wissen? Vielleicht wartet man nur ab!"

„Ich meine, die da oben sollten Schluß machen. War eben ein Irrsinn, gegen die ganze Welt zu kämpfen, meinst du nicht?"

Dumpfes Schweigen.

Nach einer Weile geht Thomas auf den Schreibtisch zu.

Nimmt aus dem obersten Fach einen Brief. Faltet ihn umständlich auseinander.

„Hier – der Kommandeur vom Leitner Hans."

Hastig überfliegt Helmut die wenigen Zeilen.

„Der Hansl – nun hat's ihn doch noch erwischt!"

„Ja – gefallen für Deutschland! Auf dem Felde der Ehre.

Wie oft haben wir diesen Satz gelesen. Wie oft geglaubt, daß der Sieg ihrem Sterben einen Sinn verleihen würde. Und jetzt soll alles das umsonst gewesen sein?"

Verbissen stiert Thomas aus dem Fenster. Preßt seine Fäuste gegen die klopfenden Schläfen.

Und während der Regen gegen die Scheiben trommelt, ziehen sie an ihm vorbei: die gefallenen Kameraden! Die klagenden Frauen und Mütter! Die weinenden Kinder!

Umsonst – umsonst – umsonst!

Aus der Ecke ein verlegenes Räuspern.

Thomas fährt auf. Müde kommt seine Stimme:

„Entschuldige, ich vergaß –"

„Schon gut, Thomas. Darf ich dir noch etwas sagen?"

„Und?"

„Wir wissen doch nicht, wie es kommt. Ich meine – es kann doch sein, daß man euch – Thomas, bitte – wäre es nicht besser – die Hütte vom Buchauer Sepp liegt dicht an der Grenze – wir könnten dich versorgen – ich meine – willst du nicht –"

Hilflos blickt Helmut ins Leere.

Thomas hat sich abgewendet. Durchmißt mit schweren Schritten den Raum.

Ob er überhaupt zugehört hat?

„Bitte, Thomas, versteh' mich recht, es –"

„Es ist nur gut gemeint, ich weiß. Hast du dir auch überlegt, was unsere Jungen dazu sagen würden? Nein, Helmut, ich kann nicht gehen. Kein Kapitän verläßt sein sinkendes Schiff!"

„Ja, aber – die anderen tun es doch auch! Denken doch auch nur an ihre eigene Sicherheit!"

„Die anderen –? Sie haben mich nie gehindert, das zu tun, was ich für richtig hielt. Ich bleibe, Helmut – was auch immer kommen mag!"

Lange Zeit spricht keiner ein Wort.

Der Aprilsturm rüttelt an den Fensterläden.

Von fern das Läuten eines Telefons.

Dann wieder drückende, unheimliche Stille.

Endlich – weit entrückt, die Worte Helmuts:

„Hm, ich hätte es mir denken können. Aber eines, Thomas – was auch geschieht, du wirst immer auf uns zählen können!"

Lange begegnen sich ihre Blicke. Und während Thomas die Hand des Freundes umschlossen hält, sagt er fest und bestimmt:

„Danke, Helmut, danke. Aber ich glaube, es besser zu wissen. Ich werde allein sein – ganz allein! Niemand wird seinem Schicksal entrinnen. Weder du noch ich. Wir können nur warten – warten – und hoffen!"

Irgendwo mahnt eine Glocke zum Gebet.

Durch die Straßen der Stadt hasten die Menschen.

Planlos – wie gehetztes Wild. Am Bahnhof werden die Lagerhäuser geräumt. Jeder will etwas erhaschen. Lebensmittel – Stoffe – Schuhe.

Wer einen Mehlsack erwischt hat, zieht davon. Die anderen?

Sollen Margarinekartons oder Weinkisten nehmen. Kostet ja nichts! Und wer zuerst kommt, mahlt zuerst!

Natürlich streiten sie sich.

Wer Zucker hat, will lieber Schmalz haben. Ist ja egal, ob dabei ein paar Zentner verschüttet und ein paar Kisten zertrampelt werden. Wichtig ist nur, daß dem Feind nichts in die Hände fällt.

Und der Feind – steht vor der Tür!

Über die Lautsprecher die letzten Sondermeldungen.

In wenigen Minuten soll der Gauleiter und Verteidigungskommissar sprechen.

Über allen die bange Frage: Wird verteidigt oder nicht?

Jetzt ist es soweit. Die Musik verstummt. Weicht einer kalten, schneidenden Stimme:

„… und so werden wir unser Land verteidigen, als letztes Bollwerk des Großdeutschen Reiches! Das Gebot der Stunde heißt: Kampf bis zum Letzten!"

Nur gut, daß diese Stimme dort nicht greifbar ist.

Man möchte gen Himmel schreien ob dieses Irrsinns.

Verteidigen! Damit auch das Letzte noch in Trümmer geht! Alles – alles!

Aber noch sind ja die Stadtväter da. Also wird man hoffen können.

Im großen Rathaussaal haben sie sich zu dieser Stunde versammelt.

Ernste, fragende, bedrückte Gesichter!

Angstvolles Schweigen.

Ratloses Forschen und Suchen.

Wer wird das entscheidende Wort wagen?

Endlich – knapp und verhalten – die Stimme des Bürgermeisters:

„Wir sind aufgerufen, die Stadt zu verteidigen. Es fällt mir schwer, aber ich muß Ihnen sagen, daß ich darin den letzten Ausweg sehe, denn – so oder so glaube ich nicht, daß wir das Ende überleben werden!"

Starres Entsetzen.

Widerspruch. Tumult.

„Nein, so geht es nicht!"

„Ja, aber –"

Ein Durcheinander von Stimmen. Für und wider. Laut und unbeherrscht. Still und gebändigt.

Nach einer Stunde redet man immer noch. Verfängt sich mehr und mehr in dem Labyrinth der Meinungen.

Ohne Ausweg – ohne Ziel.

Plötzlich wird es still.

Der Bürgermeister hat sich von seinem Platz erhoben.

Was wird er sagen?

Gequält kommt es aus seinem Munde:

„Meine Herren! Der Stadtrat – ist aufgelöst!"

Respektvolles Räuspern.

Dann nichts mehr, nichts.

Mitternacht.

Der Wind fegt durch die Gassen. Wie ausgestorben liegt die Stadt zu seinen Füßen; obgleich man das Beben ihrer Sinne spürt, und weiß – es ist die Ruhe vor dem Sturm!

Jetzt treibt er einen dunklen Schatten vor sich her, der lautlos auf- und wieder untertaucht.

Dann sind es Schritte, die im Dunkel widerhallen – und plötzlich eine Stimme – atemlos und schwer:

„Aufmachen! Bitte, schnell aufmachen! Ich muß den Thomas sprechen!"

Verschlafen kommt es zurück:

„Jetzt – nach zwölf? Wer ist denn da?"

Keine Antwort.

Ärgerlich schließt Mama Pavel das Fenster. Wirft den Morgenrock über. Geht eilig hinunter.

Nur einen Spalt öffnet sie die Tür. Fragt zürnend:

„Ist es so dringend, daß Sie uns aus dem Schlaf holen müssen?"

Der vor der Tür stammelt ein paar zusammenhanglose Sätze:

„Wissen nicht, was wir tun sollen – helfen – wichtig – bitte hineinlassen –"

„Also, kommen Sie!"

Leise gehen sie hinauf. Mama Pavel heißt ihn warten.

Klopft zaghaft an die Zimmertür.

„Thomas?"

Dann kräftiger.

„Thomas, es will dich jemand sprechen!"

86

„Was – jetzt noch? Wer denn?"

Der Unbekannte keucht:

„Margreiter Hans – es ist sehr dringend!"

„Komm herein!"

Der Gerufene stürzt ins Zimmer. Reicht Thomas flüchtig die Hand. Zittert.

„Thomas – wir – wir brauchen deinen Rat. Hier ein Befehl! Wir sollen in die Berge, Waffen und Munition hinaufbringen, nach dem Einmarsch weiterkämpfen – was …"

Mit einem Satz ist Thomas aus dem Bett, brüllt:

„Welcher Idiot hat das befohlen?"

Wißt ihr denn, was das heißt? Kein Stein in dieser Stadt wird auf dem anderen bleiben! Und ihr – meint ihr, als Helden noch verehrt zu werden?"

Erregt geht Thomas auf und ab. Nimmt eine Zigarette. Noch eine. Dann mühsam beherrscht:

„Und jetzt? Wie soll ich euch helfen? Du weißt, daß man mich –"

„Ja, Thomas, natürlich weiß ich, sie haben dich abgesetzt, und doch – bitte, Thomas, wir werden nur das tun, was du …"

Schweratmend tritt Thomas ans Fenster. Blickt sinnend hinaus.

Noch ist es Nacht.

Entschlossen wendet er sich um:

„Also gut! Befehl an alle! 2 Uhr 30 rechtes Innufer unter der Brücke! Nicht mehr als zwei Mann nehmen den gleichen Weg! Waffen und Munition verbergen, Rucksack oder so was –! Bei Gefahr Signal geben! Alles klar?"

Ein kurzes „Jawohl!"

Knarrende Treppen.

Eine schlagende Tür.

Nächtliche Stille – 2 Uhr 15 Innbrücke.

Ein einsamer Spaziergänger. Hochgeschlagener Mantelkragen. Ein Hut tief im Gesicht. In kurzen Abständen ein Blick auf die Uhr.

2 Uhr 20 Schleichende Gestalten vom Stadtplatz her.

Zwei, drei.

2 Uhr 30 Gedämpftes Getuschel am Innufer:

„Wer fehlt noch?"

„Keiner – alle da!"

2 Uhr 31 Aus dem Gebüsch ein Schatten – dumpfes Geraune: „Thomas?"

„Ja!"

Wenige Sätze. Jetzt kurz und knapp:

„Waffen und Munition werden versenkt! Dann geht ihr einzeln zurück! In den nächsten 48 Stunden verläßt keiner das Haus! Verstanden?

Noch eins – ich – ich danke euch! – Und – macht's gut!"

Wie ein Spuk ist alles vorbei.

Unheimlich – doch verschwiegen rauscht der Strom.

Tags darauf wird das Rathaus von Männern der Widerstandsbewegung besetzt.

Wenig später tritt ihr Sender in Aktion:

„Aufforderung an die Bevölkerung! Weiße Tücher und österreichische Fahnen bereit! Das Ende – die Stunde unserer Freiheit naht!"

In Kellern, Bunkern und Stollen sitzen die Menschen dicht gedrängt und warten darauf.

Ja – das Ende.

Bange Zweifel. Angst vor dem Ungewissen – auf allen Gesichtern, den alten und jungen.

Der ferne Geschützdonner läßt sie immer wieder auffahren.

„Ist es soweit?"

„Nein – noch nicht!"

Und wieder warten, warten …

Hier und da wagt sich ein Mutiger für Minuten in seine Wohnung.

Die Straßen sind leergefegt, verlassen, öde.

Ganz anders, als so mancher es sich vorgestellt hat – dieses Ende!

Keine Triumphpforten. Keine Blumen. Kein Jubel.

Dann wird es Abend. Wird Nacht – und noch einmal Tag.

„Was ist los – sind sie schon einmarschiert?"

Der alte Kaindl reibt sich die Augen. Muß irgendwann eingenickt sein.

„Nein, nein – sie verhandeln noch. Wenn auf der Festung die Tiroler Fahne weht, dann ist es soweit. Dann ist die Stadt übergeben!"

Schwerfällig humpelt der Alte über die Stiegen.

Er will dabei sein, wenn sie die Fahne hissen. Gehört sich so für einen alten Kaiserjäger!

An den Türrahmen gelehnt, blickt er zur Festung hinauf.

Bewegt sich da nicht etwas?

Ja, richtig – jetzt sieht man es genau. Eine Fahne wird ge-hißt.

Rot-weißes Tuch, die Farben Tirols!

Doch, was ist das?

Plötzlich fallen Schüsse. Einer – zwei – drei! Und da! Ein bewaffneter Trupp! Versprengte Soldaten! Sie stürmen der Festung zu!

Jetzt Polizisten. Widerstandskämpfer.! Sie eilen hinterher.

Was soll das bedeuten?

„Die Fahne", murmelt der Alte, „sie holen die Fahne ein."

Schreckensbleich sieht er das Tuch vor seinen Augen ver-schwinden.

„Nein, das dürfen sie nicht", bringt er mühsam hervor, „die Fahne muß bleiben. Sie werden die Stadt beschießen!"

Wenig später erfüllt sich seine Ahnung.

Die Amerikaner eröffnen das Feuer! Nach einer schweren Salve – Ruhe!

Nur eine Warnung?

Warum schießen sie nicht weiter? Sollte etwa die …

Befreit atmet der Kaindl auf:

„Hab' mir's doch gleich gedacht. Die Fahne ist wieder da!"

Mühsam verbirgt er seine Rührung. Versteckt sie hinter einem rauhen Fluch:

„Da soll noch einer kommen. Dem werd' ich's zeigen! Die Fahne bleibt – und damit Schluß!" Ja – Schluß!

Der Vorhang fällt.

Rollende Panzer.

Amerikanische Soldaten. Farbige.

Die ersten Neugierigen auf dem Stadtplatz und in den Gassen.

Viele begnügen sich mit einem Blick aus dem Fenster.

Wenden sich bald ab. Geschmacksache, was sich da so abspielt!

Die Soldaten verteilen Schokolade, Lackschuhe …

Ganz einfach zu erlangen. Schließlich ist es ja egal. Warum soll man sich nicht mal auf einem Panzer in den Armen liegen!

Vor dem Rathaus der Kommandeur. Der neue Bürgermeister. Männer der Widerstandsbewegung.

Nanu? Ist das möglich?

Ja – es ist! Der Herr vom Wohnungsamt ist dabei – und andere, die gestern noch –

Schnell geschaltet. Muß man ihnen lassen. Na ja – warum auch nicht. Gewiß haben sie in solchen Dingen schon Erfahrung.

Ob man sie beneiden sollte?

In der Sailergasse hält ein Jeep. Militärpolizisten steigen aus. Kommen zurück.

„Alles Gute, Thomas!"

„Danke, Mama."

Ein Motor springt an.

Der Jeep braust davon.

Vernehmung.

„Name?"

„–"

„Alter?"

„21 Jahre."

Pause

Der Vernehmungsoffizier blättert in seinen Akten.

Beklemmende Stille.

„Soldat gewesen?"

„Ja –!"

„Hm, richtig – steht hier. Wissen gut Bescheid über Sie.
Erzählen Sie mal!"

Thomas berichtet.

Der Offizier läßt ihn reden. Beobachtet scharf.

Dann unterbricht er:

„So – das genügt. Kein Grund, Sie festzuhalten. Können
gehen!"

Der Ami reicht ihm die Hand. Tippt an die Mütze.

Sagt „Okay!"

Thomas taumelt.

Alles hätte er erwartet – nur das nicht.

Verloren wankt er über den Stadtplatz.

Hier und da blickt ihm einer nach.

Er grüßt.

Sie sehen ihn nicht. Wenden sich ab.

Haben vergessen.

„Wie steht's, Herr Doktor?"

Der alte Medizinalrat schüttelt bedenklich den Kopf.

„Die Krisis, wenn er sie übersteht, dann können wir hoffen. Ich komme auf die Nacht noch einmal wieder!"

„Danke, Herr Doktor."

Mama Pavel zieht die dunklen Vorhänge zu.

Draußen scheint die Sonne. Und in der Dämmerung des Krankenzimmers windet sich Thomas in Fieberträumen.

Behutsam trocknet Mama Pavel ihm die feuchte Stirn.

Wacht an seinem Bett – Tage und Nächte.

Heute macht Dr. Mesen ein zufriedenes Gesicht.

„Geht es wohl besser?"

„Ja – wir sind über dem Berg", sagt er strahlend, „es geht aufwärts! Aber" – und er droht scherzend mit dem Finger – „kein Besuch und allergrößte Ruhe!"

Mama Pavel ist glücklich.

Still setzt sie sich in den alten Lehnstuhl und faltet die Hände.

Auf den Dächern draußen spiegelt sich der letzte Glanz des Abends.

Schwere Marschstiefel. Rätselvolles Stimmengewirr.

Eine Tür wird aufgestoßen.

Auf der Schwelle drei Männer. Politische Polizei!

Das Gespräch verstummt.

Leise wird die Tür geschlossen.

Ein Traum?

„Was war, Mama?"

„Nichts, Thomas, schlafe nur weiter."

„Was wollten die Männer? Bitte, sag' es mir!"

„Sie – sie wollten dich abholen, Thomas, zu einer Vernehmung."

Er legt sich zurück.

Natürlich – warum sollten sie ihn nicht holen.

Eine Stunde darauf – wieder Stimmen. Laut und polternd.

„Er muß jetzt mit! Wir haben den Befehl! Wird gleich zurückkommen! Soll nur vernommen werden!"

Mama Pavel behauptet die Tür. Aber es nützt nicht viel – schon stehen sie im Zimmer.

„Aufstehen! Fertigmachen zur Vernehmung!"

„Aber er kann doch nicht! Der Arzt hat doch –"

„Schon gut! Mama, laß es mich versuchen. Ich möchte nicht, daß sie noch einmal kommen."

Thomas steht auf. Kleidet sich an. Die Füße drohen zu versagen.

Mühsam umkrampft er das Geländer.

Die Polizeileute nehmen ihn in die Mitte.

„Los – ins Rathaus!"

„Bis gleich", flüstert Mama Pavel

Thomas lächelt – und schweigt.

Man hat ihn erwartet.

Hinter einem Schreibtisch der Chef der politischen Polizei, Herr Schmotz.

Beim Eintreten seiner Männer erhebt er sich und kommt auf sie zu:

„So – da haben wir das Schwein also endlich. Ihr könnt gehen. Den mache ich alleine fertig!"

Unbeweglich steht Thomas vor ihm. Spürt den wilden Atem dieses Mannes, der ihn jetzt pausenlos anbrüllt. Sein Schuldkonto wächst.

Herr Schmotz klagt an.

Thomas erwidert nichts.

„... und wo sind deine Genossen geblieben – diese Schurken!?"

„Ich weiß es nicht!"

„Was – das weißt du nicht?"

Sitzen gut – die Schläge des Herrn Schmotz.

Thomas taumelt. Aus den Mundwinkeln sickert Blut.

Schmotz schlägt weiter.

„Fällt es dir bald ein, wo sie geblieben sind?"

Keine Antwort.

Lautlos sackt Thomas zusammen.

Herr Schmotz ordnet seine Kleidung. Schreit aus der Tür:

„Abführen! Ins Gefängnis mit dem Kerl!"

Die Kirchturmuhr schlägt zwölf.

Thomas kennt das Gefängnis. Ja – sogar die Zelle, in der er sich am Abend wiederfindet.

Der Konz Rudi saß vor drei Monaten drin. Kleiner Diebstahl.

Thomas hat ihn besucht. Wollte ihm helfen.

Na – nun ist der Konz in Freiheit, die Zelle wieder besetzt.

Verdammt eng in diesem Loch.

Pritsche. Wasserkrug. Klosett.

Feine Ausstattung. Aber man gewöhnt sich daran.

Sogar an die Regelmäßigkeit, mit der hier alles zugeht.

Blechnapf mit Kaffee. Schwarzbrot. So fängt es an.

Zellenreinigung. Spaziergang – immer im Kreis. Hände auf dem Rücken. Kein Wort sprechen. Die Wachleute passen scharf auf. Sind gut bewaffnet.

Man kommt sich vor wie ein …

Dann Mittagessen. Blechnapf mit Kohl und Kartoffeln.

Drei Tage. Man ist satt, bevor das Essen kommt.

Die Pritsche bleibt hochgeklappt. Also geht man von Zellenwand zu Zellenwand. Zählt die Schritte, zählt, zählt …

Wenn die Schlüssel rascheln, horcht man auf.

Besuch? Nein – Vernehmung!

Auch daran hat man sich gewöhnt. Dieselben Fragen.

Schuldige werden gesucht! Läßt sich gut denunzieren in diesen Tagen.

Zurück in die Zelle.

Abend. Sternenhimmel. Gitterstäbe.

Tag für Tag.

Es ist Mittwoch.

Thomas blickt hinaus. Irgendwo schlägt eine Amsel.

Die Zellentür wird geöffnet. Was bedeutet das? Ungewöhnliche Zeit.

„Sie sollen vernommen werden!"

Der alte Geßner lächelt. Anständiger Kerl. Wenn es nur mehr davon gäbe!

96

„Wer bringt mich hinüber?"

„Keiner – Sie können allein gehen!"

Fragend sieht Thomas ihn an.

Seltsam!

Im Vorzimmer von Herrn Schmotz.

„Gehen Sie nur hinein. Der Chef erwartet Sie!"

Zaghaft klopft Thomas an. Tritt ein.

„Ah – da sind Sie ja. Zigarette?"

Überrascht lehnt Thomas ab.

„Na, mein Lieber, zur Sache! Auf Grund von verschiedenen Mitteilungen habe ich mich entschlossen – die Haft in Zwangsarbeit umzuwandeln! Können zu Hause schlafen und essen. Arbeit von sechs Uhr morgens bis sieben Uhr abends. Klar?"

„Ja", stammelt Thomas tonlos hervor. „Ja – danke!"

Mama Pavel kann sich noch gar nicht beruhigen. So unverhofft kam diese Freude.

„Erzähle, Thomas, war es sehr schlimm?"

„Sprechen wir nicht darüber, Mama. Wir wollen uns freuen, daß es nun vorbei ist."

„Du hast recht, mein Junge! Übrigens – der Hardy hat nach dir gefragt. Wollte sich bedanken für ein Päckchen."

„Der Hardy – ist er also heil zurückgekommen. Wie schön! – Hast du ihm erzählt, daß ich –"

„Ja, Thomas, er war sehr besorgt um dich!"

„So? Ist schon ein prächtiger Bursche! Wir haben nicht viel voneinander gewußt. Er kam sehr bald an die Front, und doch –"

Thomas hält inne.

Springt plötzlich auf:

„Du, Mama, jetzt weiß ich auch – der Hardy war's, natürlich – der Hardy hat sich für mich eingesetzt, der hat mich rausgeholt!

Verdammt anständig.

Wird nicht leicht gewesen sein.

Ja – der Hardy – ein einziger, der nicht vergaß!"

Müde trotten die Arbeiter heimwärts. Zwölf Stunden auf den Beinen. Knochenarbeit. Schutt fahren. Straßen ausbessern. Balken schleppen. Hin und wieder ein Tag, an dem es einen bequemeren Job gibt.

Geht reihum.

Heute war Thomas dran. Kisten packen. Im Krankenhaus. Der Lenz Richard war dabei. Netter Bursche – wenn er nur nicht soviel fluchen würde!

„Hat er dich auch geschlagen – der Schmotz?"

„Ja, Richard."

„Dieser Hund, ich könnte ihm –"

„Hör auf! Weißt du, was man ihm angetan hat?"

„Nein. Ich weiß nur, daß …"

„… laß gut sein, alter Junge. Faß lieber die Kiste hier an!"

Brummend packt er zu und zieht ab.

So gehen die Tage dahin – Sonntage, Feiertage und immer wieder Werktag.

Eines Morgens muß Thomas zum Chef.

„Ich soll mich melden!"

98

„Ja, Sonderauftrag. Zimmer zwölf."

Im ersten Stock muß er warten. Lange. Wird ihm unge-mütlich.

Endlich ruft ihn jemand auf.

„Kommen Sie. Nehmen Sie Platz!"

Pause

„Wissen Sie schon, was Sie sollen?"

„Nein, keine Ahnung!"

„Also, hören Sie zu. Die Dienststellen der Militärregie-rung brauchen Arbeitskräfte – Frauen. Sauber machen, waschen und sowas. Hier ist die Liste. Namen und An-schriften von Naziweibern. Wenn eine Anforderung kommt, müssen die Frauen ausgesucht und verständigt werden. Ab heute Ihre Aufgabe. Verstanden?"

Entgeistert starrt Thomas sein Gegenüber an. Das Wort bleibt ihm in der Kehle stecken.

„Na, ist noch was?"

„Ja. Das ist doch nicht möglich", bringt er hastig hervor, „das können Sie doch nicht von mir verlangen!"

„Ach was, quatschen Sie nicht soviel. Anordnung vom Chef! Befehl ist Befehl!"

Der andere geht.

Verloren sieht Thomas ihm nach.

„Drei Frauen für die Offiziersmesse. Zwei Frauen Wasch-anstalt. Fünf Frauen in die Kaserne!"

Also – immer der Reihe nach. Fatale Sache. Die Frau vom Hansl wäre dran. Zwei Kinder. Kranke Mutter. Keine Hil-fe.

Thomas ist verzweifelt. Auslassen? Er wagt es. Und von Tag zu Tag werden es mehr. Sind ja noch genug Hundertfünfzigprozentige da.

Aber wie lange wird es gut gehen?

„Guten Morgen, Frau Huber, leider –"

Sie läßt ihn nicht ausreden. Keift ihn an:

„Ich möchte wissen, warum ich schon wieder gehen soll! Was ist mit der Hauser nebenan – warum geht die nicht?"

Schon wird es Tagesgespräch.

Einer raunt es dem anderen zu.

Und dann zeigen sie mit Fingern:

„Da, der Denunziant, der Verräter kommt!"

Als Thomas am folgenden Tag seinen Arbeitsraum betritt, erwarten ihn zwei Posten.

„Bitte?"

„Warten!"

Der eine geht. Kommt wenig später mit dem Chef zurück.

„So – aus der Traum! Abführen! Auf die Festung mit ihm!"

Hart packen ihre Fäuste zu.

Feste Geroldseck.

Ehrwürdiges Denkmal einer bewegten Vergangenheit. Türme und Wehren mit fünf Meter dicken Mauern.

Enge Kasematten. Winzige, lichtspendende Schießscharten. Unheimliche Verließe.

Stumpfer, nackter Stein.

Auf den schmalen Pritschen kauern die Alten und Kranken.

Im Vorhof sammeln sich die Arbeitskolonnen.

Kurze Befehle der Wachleute. Für Minuten öffnet sich das Tor.

Am Abend kehren sie zurück.

Stumm. Ausgemergelt. Fertig.

Die Nacht schleicht dahin.

Gespenstische Schatten huschen vorbei. Ratten. Mäuse.

Irgendwo schreit einer. Ruft nach seiner Frau, seinem Kind.

Wenn der Morgen graut, atmen sie auf!

Licht, Licht!

Nach vier Tagen wird Thomas zum Kommandanten gerufen.

Ein Wachmann führt ihn vor.

„Danke, Sie können gehen!"

Er ist mit dem Kommandanten allein. Wartet – gespannt.

Der andere blickt aus dem Fenster. Zündet sich eine Zigarette an. Scheint unschlüssig. Nun nimmt er Platz. Blickt zu Thomas hin. Streift umständlich die Asche ab – und beginnt:

„Wir wollen es kurz machen. Ihre Einlieferung haben Sie mir zu verdanken. Liegt kein besonderer Grund vor. Aber – brauche jemand! Der Englisch spricht, fürs Essen sorgt, Wege erledigt, mir die Schuhe putzt! Hab' mir gedacht, daß Sie der Richtige sind. Ehrlich. Verläßlich. Schlafen ab heute neben der Küche. Machen mit dem Koch den Speisezettel. Kennt meine Wünsche! Hoffe, daß alles klargeht!"

Thomas steht mit unbeweglicher Miene da. Kommt sich vor – wie in einem Tollhaus.

„Noch irgendwelche Fragen?"

„Nein", antwortet Thomas, „ich habe alles verstanden."

„Gut – dann können Sie gehen!"

Schon hat der die Klinke in der Hand – da ruft ihn der Kommandant zurück:

„Moment – das Wichtigste hätte ich bald vergessen.

Der Torschlüssel – damit Sie sich ungehindert bewegen können. Aber – mein Lieber, lassen Sie mir ja nicht die Gefangenen raus!"

Der Kommandant lächelt.

Eilig stürzt Thomas hinaus.

„Frühlingssuppe, Kalbsschnitzel, Kartoffeln, grüner Salat – was meinst du, ob sie damit zufrieden sind?"

Der Wiedner Franz, der den Koch macht, blickt finster drein. Nicht einfach, für die Herren zu kochen. Besonders für den Herrn Schmotz – der heute wieder einmal zu Gast ist.

„Wird schon hinkommen. Und wenn sie es nicht wollen, wird es den Wachleuten schmecken!"

Der Alte rührt in seinen Töpfen.

Thomas deckt den Tisch.

Pünktlich – um zwölf Uhr – ein Klingelzeichen! Es kann aufgetragen werden.

Lautlos serviert Thomas das Essen. Dann verschwindet er. Wartet im Vorraum.

Drinnen wird es lauter. Sie lachen. Hat wohl jemand einen Witz gemacht.

Nach geraumer Zeit die Stimme des Kommandanten:

„Thomas!"

„Ja – bitte?"

„Was ist – gibt es keinen Nachtisch heute?"

„Nein – die Küche hat nichts mehr!"

„Hat nichts mehr?" trompetet Herr Schmotz, „ist ja ge-
lacht. Werde sofort was bei den Nazis requirieren lassen!"

Die Herren verabschieden sich.

Der Kommandant wirft sich auf die Couch.

Thomas räumt ab.

„Noch Wünsche?"

„Nein – danke. Aber, was ich noch sagen wollte – Herr
Schmotz wird ab morgen das Turmzimmer bewohnen. Sie
haben zu wecken; Waschwasser, Schuhe und so weiter."

„Jawohl!"

Thomas geht in die Küche.

Der Franz rückt ihm seinen Teller hin. Liegt ein Stück
Schnitzel drauf. Er schiebt ihn beiseite.

Ist satt.

Mag nicht mehr.

Herr Schmotz stellt die Schuhe vor die Tür. Nicht nur seine. Feine Damenpumps – die häufig danebenstehen!

Wenn Thomas morgens weckt, ruft er „Herein!"

Manchmal ist seine Dame gerade beim Waschen – oder
liegt noch im Bett. Stört ihn nicht – den Herrn Schmotz.

Wie gesagt – ein nettes Verhältnis!

In den nächsten Tage gibt es viel Unruhe.

Man sagt – die Franzosen kommen!

Und eines Morgens ist es soweit. An Stelle des Sternenbanners weht die Trikolore.

Die Männer in der Festung spüren es. Die Bewachung wird schärfer.

Sie werden an Ketten gelegt, wenn es zur Arbeit geht.

Und einige – ja, einige hat man abtransportiert.

Wohin? Keiner weiß es zu sagen.

Für Thomas ändert sich nicht.

Bis zu jenem Tage – ein herrlicher Sommertag.

Vergnügt richtet er das Frühstück. Bringt es hinauf.

„Guten Morgen, Herr Kommandant!"

Eisiges Schweigen.

Thomas deckt auf. Will sich entfernen. Da! Ein gebieterisches Halt!

Der Kommandant kommt auf ihn zu. Schüttelt den Kopf:

„Wie konnte ich mich nur so täuschen", sagt er verbittert, und zynisch fügt er hinzu, „na – ich hoffe nur, daß es Ihnen in Frankreich besser gefällt!

Wache!

Abführen! Einzelhaft!"

Am Abend kommt der Franz. Bringt eine dünne Suppe.

„Hier, Thomas, du mußt etwas essen!"

Er hört ihn nicht.

Der Alte packt ihn bei den Schultern:

„Aber, Junge! Nicht den Mut verlieren. Wird sich schon aufklären!"

Müde fragt Thomas zurück –

„Aufklären? Was soll sich aufklären?"

„Na ja – die Sache mit den Wachleuten!"

„Welche Sache?"

„Haben sie dir denn nicht gesagt, warum sie dich in den Turm gebracht haben?"

„Nein, Franz. Warum?"

„Hör zu! Der Posten wird gleich kommen – der Chef hat ein paar Wachleute rausgeschmissen. Aus Rache haben sie ihn denunziert – und dich als Zeugen angegeben. Der Alte meint natürlich, du hättest die ganze Sache angezettelt. Und jetzt will er dich dafür nach Frankreich schicken."

„Ja, aber –"

Schlüssel rasseln. Der Posten!

„Auf Wiedersehen! Kopf hoch!"

Der Franz schlurft davon.

Jetzt geht die Tür.

Thomas ist wieder allein.

In der Nacht quälen ihn böse Träume. Gefängnismauern. Ketten. Sträflinge. Immer dasselbe.

Heute – morgen – übermorgen.

Nach vier Tagen führen sie ihn ab.

Bringen ihm zum Kommandanten.

„Darf ich Ihnen die Hand geben? War ein Irrtum – dumme Sache. Wollen sie schnell vergessen! Einverstanden?"

Thomas ringt nach Luft.

Sagt lange Zeit nichts.

Dann stößt er hervor.

„Vergessen? Hm, ich will es versuchen."

Eines Tages kommt Thomas aus der Stadt. War auf dem Bahnhof.

Fuhr gerade ein Zug raus – nach Deutschland!

Männer – Frauen – Kinder – soll einer der letzten Transporte gewesen sein.

Freitag, so sagen sie, wird noch einer gehen. Dann nicht mehr.

Freitag – in drei Tagen!

Da hat Thomas die Sehnsucht gepackt. Nach den Eltern. Der Stadt am Strom. Nach der Heimat.

Der Kommandant hat es bemerkt. Fragt am Nachmittag:

„Was ist los mit Ihnen?"

Thomas weiß nicht, wie er es sagen soll. Schweigt.

„Na – raus mit der Sprache! Da ist doch was?"

Thomas zittert. Der Kommandant geht auf ihn zu. Blickt ihn durchdringend an.

„Also?"

„Ich – ich möchte nach Hause! Freitag soll der letzte Transport gehen. Ich möchte dabei sein. Möchte Sie bitten –"

Der Kommandant zieht eine krause Stirn. Macht ein ungläubiges Gesicht.

„Nach Hause? Ja, bedeutet Ihnen dieses Land denn gar nichts mehr? Wir brauchen Sie! Sie werden völlig rehabilitiert!"

Lange Zeit nur das Rauschen der Wipfel.

Dann leise – fast flehend:

„Lassen Sie mich gehen! Ich liebe dieses Land. Seine Menschen. Seine Berge – verstehen Sie! Und darum muß ich gehen, muß vergessen!"

106

Der Kommandant räuspert sich.

Wortlos reicht er Thomas die Hand.

Sitz der Militärregierung.

Menschenschlangen. Pässe. Passierscheine. Ausreisegenehmigungen.

Stundenlanges Warten.

Thomas stellt sich an. Glücklich. Er hat's geschafft!

Nanu? Das Gesicht kennt er doch? Ja – richtig!

Vor dem Portal ein Posten. Pierre. Der Fremdarbeiter vom Wallnerbauern. Jetzt hat auch er Thomas entdeckt. Kommt auf ihn zu.

Was soll das bedeuten?

Thomas überlegt. Davonlaufen?

Zu spät. Schon ist Pierre neben ihm.

„Mitkommen!"

Er geht. Ballt seine Fäuste, daß es schmerzt. Könnte heulen.

Vor einer Tür ein Doppelposten. Das Zimmer des Gouverneurs.

Pierre klopft. Sie treten ein.

„Bonjour – was wünschen Sie?"

Pierre antwortet. Spricht lange mit dem Colonel.

Thomas versteht nur ein paar Brocken. Aber er spürt ihre Blicke.

Und das genügt! Genügt?

Der Gouverneur greift zum Federhalter. Schreibt etwas. Schreckt Thomas aus seinen Gedanken auf:

„… und wohin wollen Sie nun reisen, Monsieur?"

Überrascht sieht Thomas ihn an.

„Ich", stammelt er verwirrt, „ich möchte nach Hause."

„Damit weiß ich zwar noch nicht wohin, aber gut – ich werde schreiben – retour à la maison!"

Pierre lächelt. Geleitet Thomas hinaus.

Minuten des Schweigens. Hörbares Atmen.

Jetzt Thomas' Stimme:

„Pierre, darf ich dir –"

Lächelnd wehrt er ab:

„Nein, Thomas, du nicht danken. Ich habe nicht vergessen – ich muß danken. Sehr danken. Alles Gute! Adieu! Adieu – mon ami!"

Freitag.

Der Kommandant läßt auf sich warten. Ist unterwegs.

Thomas sitzt wie auf Kohlen. Um zwölf Uhr fährt sein Zug.

Heim – heim – Endlich geht eine Tür. Ob er es ist? Ja – Gott sei Dank!

„Na, Thomas, reisefertig?"

„Ja, ich möchte mich verabschieden!"

„Verabschieden – hm, ja – es ist wohl besser so!

Also, mein Junge, alles Gute! Und – vielen Dank auch."

Der Kommandant greift in die Tasche. Gibt Thomas einen Brief.

„Für die Reise – und für später! Auf Wiedersehen!"

„Auf Wiedersehen!"

Elf Uhr.

Abschied von Herrn Schmotz?

Fällt ins Wasser! Haben ihn sehr plötzlich verhaftet.

Soll früher schon vom Wege etwas abgekommen sein.

Pech! Aber so ist wohl das Leben. Mal oben – mal unten.

Wenige Minuten vor zwölf.

Auf dem Bahnhof. Letzter Blick auf Berge und Höhen.

Schmerzliches Erkennen.

Abschied.

„Vergiß uns nicht, Thomas. Und – gute Reise!"

Der Zug fährt ab.

Lange sieht Mama Pavel ihm nach.

Winkt – und weint.

Trümmerfelder. Zerstörte Städte und Brücken. Chaos.

Namenloses Elend. Überall!

Nur mühsam geht es vorwärts. Kohlenzüge. Fußmärsche.
Lastwagen.

Ein ewiges Warten und Hoffen.

Dazu der Hunger. Die Kälte. Das Jammern der Frauen und
Kinder.

Oh – dieser Krieg!

Nach zehn Tagen hat Thomas sein Ziel erreicht.

Atmet er auf. Heimat! Hafen! Elbe! Elternhaus!

Lange irrt er durch die Straßen. Hat sich vieles verändert.
Ist fremd geworden. Aber man ist daheim. Endlich wieder
daheim …

Unmerklich schleicht Thomas sich ins Haus.

Die Mutter ist in der Küche. Steht am Herd.

„Na – was gibt es Gutes?"

Klirrend fällt ein Teller zu Boden.

„Thomas, nein, bist du es wirklich?"

„Ja, Mutter, ich bin es."

Tränen der Freude.

Dankbares Wiedersehen!

Dann kommt der Alltag.

Grau und dunkel. Thomas geht stempeln. Wird einer von vielen. Den Ungenannten – die ein paar Pfennige bekommen.

Zum Leben –?

Jeden Tag geht er aufs Arbeitsamt. Wartet. Stunden.

Hört immer dasselbe:

„Haben nichts! Kommen Sie morgen wieder."

Vor dem Arbeitsamt eine Anschlagsäule. Menschen davor. Dicht gedrängt.

„Was ist los?"

„Bekanntmachung der Militärregierung!"

Thomas liest.

„An alle Angehörigen der ehemaligen deutschen Wehrmacht! Meldepflicht! Ohne englischen Entlassungsschein keine Lebensmittelkarten!"

Die Leute fluchen. Gehen auseinander. Andere treten hinzu. Thomas steht immer noch davor. Macht ein finsteres Gesicht. Irgend etwas stört ihn.

Läßt ihn nachdenklich davongehen.

31. Dezember 1945.

Ein Wecker rasselt. Sieben Uhr. Thomas springt auf. Wäscht sich. Zieht sich an. In der Küche ein bescheidenes Frühstück. Er schlingt es hinunter. Hat es eilig heute morgen.

In der Tür dreht er sich noch einmal um.

„Tschüs, Mutter – bin gegen Mittag wohl zurück!"

„Thomas?"

„Ja – was ist?"

„Sag', Thomas, mußt du gerade heute dort hingehen?"

„Es ist besser so. Möchte es hinter mir haben. Wollen doch fröhlich Silvester feiern!"

Die Mutter wendet sich ab.

Thomas geht.

Lächelt.

Meldestelle der Militärregierung.

Ein ständiges Kommen und Gehen.

An langen Tischen deutsche Landser. Was soll da schon passieren?

Jetzt ist Thomas dran. Angaben zur Person. Parteizugehörigkeit. Gliederungen. Er verschweigt nichts. Warum auch!

Neben ihm fragt einer:

„Du – Kamerad! Was behalten sie denn da?"

Der hinter dem Tisch sieht mürrisch auf. Brummt:

„Nur SS!"

Dann geht es weiter.

Im nächsten Raum britische Offiziere. Sehen die Papiere durch. Stellen Fragen. Geht schnell voran. Thomas rückt näher. Vor ihm noch ein hoher SA-Führer. Dauert lange diesmal, bis der Engländer den Fragebogen durchgesehen hat. Schließlich sagt er:

„In Ordnung! Der Nächste!"

Thomas reicht seinen Bogen hin.

Wartet.

Der Offizier blickt ihn an.

Sagt nichts.

Winkt einem Posten.

Aus.

„Abführen!"

Am Abend holen sie ihn aus dem Keller. Laden ihn auf einen Wagen.

Sind noch andere dabei. Alte, Junge – alles durcheinander.

In schneller Fahrt geht es gen Norden. Wohin?

Keiner weiß es. Plötzlich grelle Scheinwerfer. Stacheldraht. Das Hämmern eines Maschinengewehrs.

„Empfangsmusik", sagt einer.

Die anderen schweigen. Hängen ihren eigenen Gedanken nach.

Hinter dem Tor ein riesiger Platz. Ein paar verlorene Gestalten. Müde – in Decken und Säcke gehüllt.

An anderen Ende eine Maschinenhalle.

Gähnende Leere.

Vor einem Tisch ein verblichenes Schild „Schreibstube".

Die Neuen melden sich an. Bekommen eine Nummer.

Dann sind sie sich selbst überlassen.

Wer Glück hat, findet ein Bett. Bett? Ein schäbiges Gestell! Drei Bodenbretter. Die anderen sind längst in den Ofen gewandert.

Strohsäcke? Gab es mal – für die ersten tausend.

Liegt lange zurück. Wolldecken? Nichts zu machen.

„Muß erst einer entlassen werden – oder abkratzen", meint der Schreiber. Freundlicher Mensch!

Inzwischen knurrt der Magen.

„Bekommen wir was zu essen?"

„Mal sehen. Seid eigentlich erst ab morgen dran!"

Der Schreiber zieht los. Richtung Küche.

„Soll einer mitkommen?"

„Nicht nötig! Die paar Portiönchen kann ich in die Tasche stecken!"

Erfreuliche Aussichten.

Nach zehn Minuten kommt er zurück. Zwei Brote unter dem Arm. Rechts ein Kochgeschirr:

„Hier – fünf Mann ein Brot! Pro Kopf einen Hering!"

Verflucht wenig – wenn man seit zwölf Stunden nichts gegessen hat!

Gierig teilen sie es auf. Schlingen es hinunter. Bleibt nichts übrig. Nichts! Nicht einmal die Heringsköpfe!

Draußen spielen die Scheinwerfer. Heult der Wind.

Thomas friert wie ein junger Hund. Kann nicht schlafen. Wälzt sich von einer Seite zur anderen.

In der Ferne läuten Glocken.

Muß wohl zwölf sein. Jahreswechsel.

Feiner Anfang – kann man nicht anders sagen!

Endlich ist die Nacht vorbei.

Aufstehen. Waschen. Was man so waschen nennt.

Ohne Seife, Handtuch, Zahnbürste!

Vor der Schreibstube sammeln sich die Kaffeeholer.

Wird gut tun – so ein heißer Schluck!

Natürlich braucht man einen Becher. Aber woher nehmen?

Thomas hat Glück. Bekommt eine alte Fischdose geschenkt.

Immerhin etwas.

Jetzt heißt es:

„Raustreten! Zählappell!"

Endlose Kolonnen. Zermürbendes Warten. Irgendwo klappt einer zusammen. Wird weggetragen. Kleiner – schnell vergessener Zwischenfall.

Dann kommt der Zähler. Saust durch die Reihen.

Flucht:

„Bloody bastard!"

Ist wieder dahin.

So geht es Tag für Tag.

Woche um Woche.

Anfang Februar werden sie umquartiert. Lager drei. Baracken. Doppelter Zaun. Macht nicht den Eindruck, daß die „Überprüfung" bald abgeschlossen ist.

114

Die Älteren lachen.

„Hm – richtet euch nur häuslich ein. Und laßt euch Badehosen schicken! Soll einen heißen Sommer geben!"

Erfreuliche Aussichten!

Das heißt – vorläufig macht ihnen noch der klirrende Frost zu schaffen. Besonders beim Spaziergang – von zehn bis zwölf.

Heute ist der lange Brown im Dienst. Schwarzer Tag. Man muß sich die Hände blau frieren lassen. Wer sie in die Tasche steckt, ist dran. Will keiner riskieren!

Sind nicht alle so.

Da ist zum Beispiel der kleine Pearson. Sergeant. Netter Kerl. Kam neulich in die Koje. Zu Professor Eiter – dem Maler. Bestellte sich ein Bild. Nach einer vergilbten Postkarte. Aus dem Familienalbum. Er blieb eine Weile. Erzählte von seinem Zuhause. Seiner Frau und seinen Kindern. Bevor er ging, meinte er:

„Krieg? Nicht gut! Du hier – ich hier. Richtig? No, no!"

Nach zwei Tagen kam er wieder. Brachte Kekse und Zigaretten.

Drei Monate darauf ging er zurück nach England.

Sie freuten sich mit ihm. Nahmen Abschied – wie von einem alten Freund.

Ja – der kleine Pearson.

Engländer. Soldat. Feind von gestern.

Konnte man alles vergessen.

Nur eines nicht – den Menschen!

Und die eigene Entlassung? Nicht dran zu denken!

Immerhin wissen sie jetzt schon, daß sie nur „automatisch" verhaftet wurden. Zur Sicherheit der Besatzungsmächte.

Na – und darüber ist es nun Sommer geworden.

Übrigens erscheint die Sache irgendwo ganz heilsam.

Gerade gestern passierte so ein Ding.

Der Schmidt hatte ein Päckchen bekommen. Von seiner Frau. Flüchtling.

Als er zur Arbeit ging, lag es noch unter seinen Decken.

Hat es lange gesucht am Abend. War weg! Spurlos verschwunden.

In der Nacht mußte er mal raus. Vorbei an der Nebenkoje.

Peinliche Sache! Saß nämlich gerade einer beim Essen.

Hatte 'ne gute Nase der Schmidt. War die richtige Adresse.

Sturmbannführer Baier!

Ja – man erlebt so allerlei!

Eines Tages kommt der Herbert an:

„Du, Thomas, der Gerlach von der vierten Kompanie hat Beziehungen zum Engländer!"

„So? Nicht schlecht! Was verlangt er?"

„Zehn Zigaretten als Anzahlung!"

„Und hinterher?"

„Kommt drauf an. Je nach Dringlichkeit!"

Thomas überlegt einen Tag. Guckt sich den Mann an.

Ministerialrat. Macht keinen schlechten Eindruck.

Schließlich geht er hin. Spricht mit ihm.

„Schwieriger Fall", meint der Herr, „aber ich werde mich der Sache gern annehmen."

Thomas dankt. Legt seine Zigaretten auf den Tisch.

Mühsam zusammengespart.

So geht es wochenlang. Es geschieht nichts.

Als er seinen Fürsprecher eines Abends aufsuchen will, heißt es:

„Gerlach? Ist getürmt. Von der Außenarbeit weg! Hast du etwa auch noch was von ihm zu kriegen?"

Thomas schüttelt den Kopf.

Zieht nachdenklich ab. Verbittert. Enttäuscht – das heißt, irgendwie auch ganz glücklich.

Immerhin ist er um eine Erfahrung reicher geworden!

Gibt überhaupt so manches, was man in diesen Monaten dazulernen kann.

Besonders interessant ist, wenn die Alten diskutieren.

Schuldfrage. Sabotage. Konzentrationslager. Nürnberger Prozeß.

Gar nicht immer angenehm, was da zur Sprache kommt!

Da ist zum Beispiel Felix Grönwald.

Polizeigeneral. Steinbrucharbeiter in Buchenwald. Von Himmler zum Tode verurteilt. Er spricht nicht viel. Aber was er sagt, ist echt! Man spürt es. Erschütternd echt!

Und dann der Käp'tn Wolfrat – Seefahrer – durch und durch. Auf allen Weltmeeren zu Haus. Schwärmt von der britischen Flotte wie ein Backfisch von der ersten Liebe.

„Haben da draußen verdammt viel geleistet – die Tommies", meint er, „muß man ihnen lassen!"

Noch einer fällt auf – der alte Matthiessen. Er kommt aus der Arbeiterbewegung. Kurz vor Schluß haben sie ihn noch zum Regierungsrat gemacht. Genügte den Engländern. Haben ihn daraufhin festgesetzt.

Die Jungen hören ihm gerne zu. Stundenlang. Imponierend sein Geschichtsbild. Sachlich – sauber – tolerant!

Natürlich gibt es auch andere.

Zugegeben – ist nicht einfach, zu begreifen, warum man sie hier festhält.

Doch – auch Verstehen läßt sich lernen!

Ein bißchen guter Wille. Und schon fühlt man sich eins – denkt an die Tausenden, die irgendwo und irgendwann die gleiche Frage stellten.

Man kann es fast nicht glauben. Aber – es ist so!

Das Jahr neigt sich dem Ende zu.

Um die Baracken heult der Dezemberwind.

Thomas hockt auf seinem Bett. Döst vor sich hin. Hat einen Brief in der Hand. Von der Mutter.

„... ob du wohl Weihnachten bei uns bist?"

Plötzlich stößt ihn einer an:

„Du, Thomas, sollst auf die Schreibstube kommen!"

„Ich?"

„Ja, Mensch – geh schon. Stehst auf der Liste!"

Thomas fliegt. Kommt atemlos an.

„Ich soll –"

„– entlassen werden! Herzlichen Glückwunsch. Morgen, acht Uhr!"

Er kann es kaum fassen. Entlassung! Freiheit!

Wie oft hat er sich diesen Augenblick ausgemalt.

Und jetzt – jetzt ist es soweit!

Morgen – am 21. Dezember 1946.

Das Leben geht weiter – auch für Thomas. Er klopft nun Steine. Arbeitet in den Trümmern. Die Militärregierung will es so.

Für seinen Wochenlohn kann er sich fünf Zigaretten kaufen. Auf dem Schwarzen Markt.

Alle vier Wochen muß er sich melden. Bekommt einen Stempel in seinen Steckbrief – und darf wieder gehen!

Im August entnazifizieren sie ihn. Bestellen ihn vor den Ausschuß.

Sehr würdige Herren.

Natürlich hat er die Jugend vergiftet. So sagen sie wenigstens.

Was er hinter sich hat, interessiert nicht. Ist ja noch jung!

Übrigens – gut, daß sie daran denken – vielleicht wäre es sonst gar nicht aufgefallen, daß er unter das Amnestiegesetz fällt.

Aber auch das ging vorbei – wie ein böser Traum.

Mit dem Jahre 1948 fing für Thomas ein neues Leben an. Und – würdest du ihm heut' begegnen, erwarte nicht, daß er Vergangenes in dir heraufbeschwört.

Er wird nur lächeln und bescheiden meinen:

„Was gestern war, kann heut' und morgen wieder sein.

Es liegt an dir.

Vergiß es nicht!

Der Menschen Würde – ist in deiner Hand!"

Verachten und verstehen

Ein Bericht
für junge Menschen

GELEITWORT

Als der von mir durch seine pädagogische Tätigkeit sehr geschätzte Verfasser mich gebeten hat, ein kurzes Geleitwort seiner Schrift voranzustellen, bin ich diesem Wunsche sehr gern entgegengekommen.

Ich habe die wohl kaum täuschende Zuversicht, daß sich hier ein schriftstellerisches Talent entfaltet, daß ein junger Dichter mit erfreulich feinem Sprachgefühl eine Probe seines Könnens anbietet, die verheißungsvoll erscheint.

Aber ich weiß, von einer literarischen Warte aus will der Verfasser diese Schrift nicht beurteilt wissen; sie ist nach seiner von ihm sehr betonten Absicht ein „Bericht für junge Menschen", das will heißen Weckruf und Appell. Solche Absicht kann leicht dazu verführen, eine Predigt mit moralischer Pointe zu schreiben und damit langweilig zu werden. Der Freund der Literatur und Feind jener Schrifttumsart, bei der man die Absicht merkt und verstimmt wird, konstatiert mit Freude, daß die lobenswerte Tendenz nicht aufgetragen, sondern künstlerisch bewältigt ist; daher liest man diesen Bericht mit Interesse und Genuß.

Und wiederum erhebt der Verfasser Einspruch und meint, darauf sei nicht besonderes Gewicht zu legen. Doch, doch! Jugend will keine Predigt, Jugend hat meist ein überraschend feines Empfinden für das, was schriftstellerisch geraten ist oder nicht! Hier spricht ein Jugendlicher zur Jugend, und er spricht gut, ruhig, klar, ohne Schwulst und doch mit innerer Glut, aber verhalten und gebändigt. Das wird zünden!

O, möge der Appell zünden, daß das Vermächtnis der Toten nicht Rache, sondern Liebe heißt, daß es Größeres gibt,

als für sein Vaterland zu sterben, daß es leicht ist zu ver-
achten, besser und würdiger aber zu verstehen, daß es erst
einmal als dringendste Aufgabe gilt, ein geeintes Europa
zu schaffen – nicht nur aus dem Geiste und Willen der Al-
ten, der Langgedienten, der oft zu Bedächtigen, sondern
aus der Lebendigkeit, dem Schwung und der raschen Tat
der Jugend. Die junge Generation muß so manche Schran-
ken durchbrechen. Das ist der erste und mit dem Herzen
geschriebene Anruf eines jungen Dichters.

Ich freue mich aufrichtig, ein Werk einleiten zu dürfen,
das ich als Werbung für den Europagedanken innerhalb
der Welt der Jungen für hochbedeutsam halte. Ihr Jungen,
lest und – handelt! Was vom Dichter gefordert wird, darf
nicht Botschaft bleiben, sondern muß Tat werden!

MAX ZELCK

Vorsitzender der Gesellschaft für
internationale Zusammenarbeit

Glutroter Feuerschein bricht aus dem afrikanischen Himmel und hüllt das Land in das schmerzende Licht einer erbarmungslosen Wüstensonne.

Afrika. – Namenlose Verlassenheit und doch wieder unbegreifliche Größe.

Inmitten dieser trostlosen Sandöde, umgeben von den zerklüfteten Ausläufern des Atlas-Gebirges, liegt El Bakim, ein französischer Wüstenposten, hart an der marokkanischen Grenze am Rande der Sahara.

Seit acht Monaten gehörte ich zur Besatzung dieses Forts, die neben dem Kommandanten aus acht Offizieren, einem Arzt und hundertzwanzig Mann der reitenden afrikanischen Jäger bestand.

Acht Monate – umgeben von einer endlosen Weite, in einer öden, steinigen Steppe, in der sonnendurchglühten, wasserlosen Sandwüste Afrikas.

Ich bewunderte die Männer, die hier schon viele Jahre ihren Dienst taten. Ich mußte mich an ihrem Vorbild aufrichten, denn ich wollte hart sein, wollte das Gefühl der Sehnsucht bezwingen, wollte vergessen.

Der Dienst ließ nicht viel Zeit zum Nachdenken. Tag für Tag ritten wir durch die Weiten des Landes, nach Karawanen ausspähend oder auf der Suche nach aufständischen Eingeborenen, die die Sicherheit unserer Siedlung bedrohten. Auf schmalen Gebirgspfaden ging es dahin, durch Schluchten und Täler, über Höhen und Felsen, unablässig durch das ruhelose Land.

Eines Morgens verließen wir das Fort mit einem besonderen Auftrag. Die kleine Abteilung der afrikanischen Jäger, die für diese Aufgabe zusammengestellt war, stand unter dem Befehl von Leutnant Belavoine.

Auf Order des Kommandanten hatte ich die Abteilung als zweiter Offizier zu begleiten. Wenige Augenblicke, nachdem wir das Fort verlassen hatten, rief mich Belavoine an seine Seite; doch wieder war es, wie so oft, wenn ich mit ihm Dienst tat: Wir ritten stundenlang nebeneinander her, ohne daß ein Wort gewechselt wurde.

Es stand etwas zwischen uns. Von der ersten Stunde unserer Begegnung an war eine Kluft spürbar, die uns trennte, die uns nicht zueinanderfinden ließ, obwohl wir den gleichen Rock trugen und dem gleichen Lande dienten.

Schon oft hatte ich mich bemüht, eine Brücke zu schlagen, einen Kontakt zu finden, doch vergeblich; es gab für diesen Mann nichts Gemeinsames zwischen einem Franzosen und einem Deutschen. Schon ging die Sonne im Purpurschein hinter den Atlasbergen unter. Wir hatten unser Tagesziel erreicht und schlugen die Zelte auf. Als sich die Nacht herniedersenkte, rauschte bald der Flügelschlag der Nachteulen über das Lager dahin. Das Bellen der Schakale und das Kichern der Hyänen ließ mich lange Zeit keinen Schlaf finden. Die Nacht war drückend schwül. Ich träumte mit offenen Augen. Neben mir lag Belavoine. Er hatte die Augen geschlossen, und um seinen Mundwinkel spielte ein leises Lächeln.

Warum trug dieser Mann mit den jünglingshaften Zügen nur so einen tiefen Haß in seinem Herzen, eine Feindschaft, die er einmal als das unauslöschliche Erbe seiner Väter bezeichnet hatte?

Ich wußte es nicht.

Verzweifelt suchte ich immer wieder nach einem Weg, suchte eine Brücke, die uns verbinden könnte. Und immer wieder stellte ich mir die Frage: Sind wir Menschen vor Gott nicht alle gleich?

126

Warum können wir an die Stelle von Feindschaft, Haß und Zerstörung nicht Freundschaft, Liebe und Vertrauen setzen? Stehen wir nicht alle unter dem ewigen Gesetz des Lebens?

Ich wünschte immer, wir könnten Freunde sein, alle die Unbekannten auf dieser und jener Seite – Brüder, die, statt sich nach dem Leben zu trachten, einander beistehen.

Wie lange ich geschlafen hatte, wußte ich nicht. Ich schlug die Augen auf, und mein Blick fiel durch die Öffnung des Zeltes auf den ersten blassen Tagesschein, der über das Lager streifte.

Draußen rüsteten die Jäger schon zum Aufbruch. Noch vor Mittag wollten wir das Ziel, die Siedlung des Stammes der Shekis, erreicht haben.

Bald darauf setzten wir uns in Marsch. Die Luft war erfüllt von dem milden Duft des ringsum wachsenden Thymians. Es war ein wundervoller Morgen.

Nachdem wir einige Stunden geritten waren, tauchten in der Ferne die ersten Hütten der Eingeborenen auf. Leutnant Belavoine sandte zwei Jäger voraus, um dem Scheich des Stammes unseren Besuch zu melden. Wenig später wurden wir mit lautem Jubel und krachenden Gewehrsalven von den Bewohnern empfangen.

Indessen wir mit dem Scheich verhandelten, rüsteten die Männer des Stammes zu prunkvollen Reiterspielen, denen wir nachher beiwohnen sollten.

Während die Verhandlungen mit dem Scheich zu Beginn sehr ruhig verliefen, trat plötzlich eine Wendung ein, die mich unwillkürlich in einen Zustand der Bereitschaft versetzte.

Der Scheich war auf Belavoine zugetreten und hatte, sich ganz seiner herrischen Größe bewußt, mit seiner Peitsche den Ärmel des Offiziers gestreift. Im gleichen Augenblick stand ich neben Belavoine. Der Scheich blickte uns mit tierischen Augen an. Schon wollte er seiner Wache einen Wink geben; doch er schien zu überlegen, ließ den halb erhobenen Arm wieder sinken, und stieß einen kaum vernehmbaren Fluch zwischen den Zähnen hervor. Meine Züge mochten ihm verraten haben, daß ich zum Äußersten bereit war.

So groß die Gegensätze auch sein mochten, die mich von Belavoine trennten, in dieser Stunde, da der Kamerad bedroht schien, fielen die letzten Schranken. Nichts hätte mich davon abhalten können, für den Kameraden einzutreten. Im Angesicht der drohenden Gefahr empfand ich es als eine selbstverständliche Pflicht.

Oftmals hatte ich zwar geglaubt, wir wären von dieser Pflicht, dieser Bereitschaft zum bedingungslosen Einsatz für den Nächsten, der in Not und Gefahr schwebt, schon zu weit entfernt, um jemals wieder zurückfinden zu können.

Denn vergaßen wir nicht über den vielen Pflichten, die uns ein Staat auferlegte, über dem grausamen Werk der Zerstörung, unter dem Gefühl des Hasses die erste Pflicht: Mensch zu sein? Oft dachte ich auch, vielleicht ist es sehr schwer, auf dieser Welt ein Mensch zu werden; hieße es doch umkehren und ablassen von allem Streben nach Macht und äußerer Gewalt und sich aus den Tiefen des Wesens wahrhaft erneuern.

Und doch glaubte ich fest daran, daß wir das menschlich Verbindende finden könnten, daß der Feind von gestern heute unser Bruder sein und die Liebe, die in uns wohnt, sich entfalten müsse, wenn wir sie nur nicht daran hindern.

Ich wollte den Anfang machen, wenn es auch sinnlos schien, als einzelner gegen eine Welt der hemmungslosen Leidenschaften anzurennen, und doch spürte ich, es gehörte nicht einmal Kraft oder Mut dazu, nur der Wille, die Brücke zu schlagen vom Ich zum Du, das Wollen, Mensch zu sein.

Die Stimme Belavoines schreckte mich aus meinen Gedanken auf.

Er hatte den Befehl zum Aufbruch gegeben.

Unter dem wilden Geschrei der Eingeborenen verließen wir wenig später die Siedlung des Stammes der Shekis.

Um Mitternacht erreichten wir das Fort. Der Kommandant und Doktor Legrand waren noch auf. Sie saßen auf der kleinen Veranda und blickten durch die geöffneten Türen in den Garten, der mit seinen blühenden Oliven- und Orangenbäumen und den farbenprächtigen Blumen im Silberschein des Mondes wie verzaubert schien. Man hatte uns erwartet. Nachdem der Kommandant die Meldung Leutnant Belavoines entgegengenommen hatte, zog er sich zurück. Wir waren mit Dr. Legrand allein. Der alte Herr rauchte bedächtig seine Zigarre, musterte uns eine Weile durch seinen kleinen goldenen Kneifer, und endlich unterbrach er das Schweigen mit dem in feiner Ironie gesprochenen Satz: „Es muß schrecklich sein, die Sprache verloren zu haben!" Dabei stieß er Belavoine in die Seite, trat mich auf den Fuß und freute sich königlich, daß wir wenigstens einige humorvolle Laute der Entrüstung von uns gaben.

„Habt ihr denn wirklich so viel Sand geschluckt?" fuhr er fort, „dann ist's egal, dann muß die letzte Flasche noch dran glauben! Aus der hintersten Ecke des kleinen Wandschrankes holte er einen alten Rotwein hervor, den er dort allem Anschein nach für einen besonderen Zweck verborgen hatte. Indem er die Flasche entkorkte, schickte er mich auf die Suche nach Gläsern und vergaß nicht, von Zeit zu Zeit genießerisch mit der Zunge zu schnalzen.

Mit sicherer Hand hatte Dr. Legrand die Gläser gefüllt. „Kommt, Jungens", rief er, „laßt uns anstoßen auf dieses verfluchte Land der Wüste, auf das Leben und auf die Heimat!" Wir hatten uns von unseren Plätzen erhoben und ließen die Gläser aneinanderklingen.

Ein drückendes Schweigen lag über dem Raum.

Endlich vernahm man die Stimme Belavoines. „Ja, die Heimat", sagte er, und sein Blick wurde hart und unergründlich, als er hinzufügte, „ich glaube, es gibt für mich keine Heimat mehr." Und dann klangen seine Worte wie ein Aufschrei: „Kann dort noch Heimat sein, wo nichts zurückgeblieben ist als die Ruine des Vaterhauses und das Totenkreuz des Bruders?"

„Es muß dort Heimat sein." Dr. Legrand hatte die Hand auf die Schulter des jungen Offiziers gelegt.

„Wir Lebenden werden beherrscht von den Toten, von denen, die für diese Heimat geblieben sind. Sie verpflichten uns, und wir entkommen ihnen nicht. Die Heimat aufgeben, hieße das Leben für sinnlos erklären und damit sich selbst aufgeben."

„Das Leben", entgegnete Belavoine mit bebender Stimme, „es behält für mich seinen Sinn, weil es die Toten zu rächen gilt!" „Das Vermächtnis der Toten, mein Junge, heißt nicht Rache, es heißt Liebe." Dr. Legrand hatte neben Belavoine Platz genommen. Er spracht wie ein Vater

130

zu seinem Kinde, leise, fast schonend, nur die letzten Worte waren mit fester Stimme gesprochen: „Liebe – damit neues Leben wachse, damit sich die Hände finden zu dem großen, gemeinsamen Werk des Friedens.

Wir sind alle vom Wege abgeirrt, von der Ehrfurcht vor dem Wunder des Daseins und dem Wissen um die Macht des göttlichen Alls. Wir haben an die Stelle der Liebe Haß und Zerstörung gesetzt und glaubten einen heiligen Krieg zu führen – im Namen unserer Toten. Und wir sind uns gar nicht bewußt geworden, wie verwerflich wir an ihnen gehandelt haben, indem wir Tod und Leid mit neuem Sterben überschüttet haben. Ihr Opfer fordert endlich die Erkenntnis, daß es Größeres gibt, als für sein Vaterland zu sterben: für sein Vaterland zu leben!"

Belavoine hatte seinen Kopf in die Hände gestützt und schien zu überlegen.

„Frieden", brach es dann plötzlich aus ihm hervor, „und das in einer Welt, die stündlich neue Feindschaft gebiert? Ich glaube, es wird immer Kriege geben, denn jeder Angriff zwingt zur Verteidigung. Wurden wir Franzosen nicht im Laufe eines Menschenalters dreimal gezwungen, unser Land zu schützen? Wer garantiert uns, daß wir uns nicht noch einmal erheben müssen, um deutschem Korporalsgeist und preußischen Kürassierstiefeln entgegenzutreten?

Dieses Deutschland hat doch Frankreich immer wieder herausgefordert und damit den tiefsten Grund für den Gegensatz geschaffen, der seit Generationen zwischen den beiden Völkern steht und immer wieder die Jugend unserer Nation auf die Schlachtfelder geführt hat.

Das darf nicht vergessen sein!

Brennen nicht Namen wie Sedan, Lille, Compiègne, Oradour wie Feuer in unseren Herzen?"

Belavoine hatte es bisher vermieden, mich anzusehen, und doch wußte ich in diesem Augenblick, daß die zu Dr. Legrand gesprochenen Worte in Wirklichkeit an mich gerichtet waren.

Der Doktor hatte sich eine neue Zigarre angezündet und schwieg. Es war an mir zu sprechen.

Mühsam suchte ich nach Worten, um Belavoine antworten zu können. Was sollte ich ihm sagen? Sollte ich seinen Ausführungen widersprechen? Ich konnte es nicht; und doch glaubte ich mit Recht, die Frage stellen zu dürfen:

„Trägt Deutschland allein die Schuld an diesen Gegensätzen? Hat die französische Politik nicht lange Zeit das Testament des großen Richelieu befolgt, das da forderte, die deutsche Zwietracht auszunutzen, alle Angelegenheiten Deutschlands in den größten Schwierigkeiten zu halten und die deutsche Einheit zu verhindern? Sind wir für Frankreich nicht oft nur das Volk der Unkultur und Barbarei gewesen? Waren es nicht Franzosen, die zu einer Zeit, da das deutsche Volk den jahrhundertealten Kampf und die Idee Richelieus in die Vergessenheit verbannt hatte, überzeugend sangen: Wir werden ihn haben, den deutschen Rhein ...?"

Eine unheimliche Spannung erfüllte den Raum.

Mit eindringlicher Stimme zerriß ich noch einmal die atemlose Stille.

„Und trotzdem hat Deutschland versucht, die Freundschaft Frankreichs zu gewinnen in der Erinnerung an jene große Zeit des 17. und 18. Jahrhunderts, in der die Grande Nation in Deutschland nicht nur Freunde und Bewunderer, sondern auch Verbündete gefunden hatte; eine Epoche, die den Beweis nicht schuldig blieb, daß beide Völker weder für einander unzugänglich noch zu einer Erbfeindschaft verdammt sind."

„Und doch", unterbrach mich plötzlich Belavoine, „sind deutsche Heere immer wieder in Frankreich eingefallen, haben das Land besetzt und seine Städte und Dörfer zerstört. Woher, frage ich, nahm Deutschland immer wieder das Recht, sich so zu bewaffnen, daß es jederzeit über seine Nachbarn herfallen konnte? Kann jemand an einen Verständigungswillen glauben, hinter dem Brutalität und Gewalt stehen?"

Belavoines Stimme bebte vor Zorn und Empörung. In seinen Worten spiegelte sich eine tiefe Enttäuschung, geboren aus der Erkenntnis, daß alles Mühen um Frieden und Verständigung umsonst sei, daß dieses Deutschland Frankreich immer wieder zwingen würde, wachsam und bereit zu sein.

„Man hat auch einmal bei uns", so fuhr Belavoine mit gedämpfter Stimme fort, „den Standpunkt vertreten, daß beide Völker nicht nur in guter Nachbarschaft, sondern in aufrichtiger Freundschaft miteinander leben könnten und daß dieses Deutschland für die sittliche Größe Europas unentbehrlich sei.

Ja, man hat sogar die deutsche Einheit gewollt, aber die wahre, ehrliche Einheit, nicht eine wilde, barbarische und auf unwürdige Weise erzwungene. Deutschlands Weg war durch die Politik der Gewalt gezeichnet; den Folgen kann man nicht entgehen. Und wenn Deutschland nun, nachdem es ganz Europa an den Abgrund gebracht hat, um Verständigung wirbt, dann muß es sich klar sein, daß es in erster Linie Vergebung erlangen muß, um der Achtung und Würdigung jener Völker wieder teilhaft zu werden, die es mit den Schrecken des Krieges, mit Not und Elend überzogen hat. Ob jeder einzelne aber die Kraft besitzt, seinen Schuldigern zu vergeben, weiß ich nicht."

Wieder lag ein dumpfes Schweigen in unserer Mitte.

Belavoine schien mit dieser Feststellung das Gespräch beenden zu wollen. Mir aber brannte noch eine letzte Frage auf den Lippen: „So ist man ohne Hoffnung, daß Deutschland den Weg zu Harmonie und Frieden mit seinen Nachbarn wiederfinden kann?"

Belavoine ließ meine Frage unbeantwortet. Er hatte sich von seinem Platz erhoben, war auf das kleine Rondell in der Mitte des Gartens zugeschritten, beugte sich über die blühenden Blumen und setzte sich dann, in Gedanken versunken, auf den schweren Basaltstein, der am Eingang des Gartens lag.

Sollte das eine Antwort auf meine Frage sein?

Ich konnte mich damit nicht zufriedengeben. Mit gepreßter Stimme wiederholte ich meine Frage noch einmal, und obwohl ich nicht wußte, ob Belavoine mir noch zuhörte, fuhr ich beschwörend fort:

„Warum kann Deutschland nicht ein friedliches und gleichberechtigtes Mitglied der europäischen Völkerfamilie werden? Muß in Deutschlands Jugend erst wieder der Gedanke einer Revanche wach werden? Haben sich unserer Völker nicht bekriegt, weil ihre Führer und Herrscher es wollten – teils gegen den Willen des Volkes?

Und ist es nicht notwendiger denn je, alle Gegensätze zu überbrücken, um der Jugend beider Nationen wieder einen Weg und ein Ziel zu weisen; ein Ziel, für das sich zu leben und zu arbeiten lohnt: Europa?

Mir scheint, es ist an Frankreich, den entscheidenden Schritt zu tun, den Geist zu erneuern, aus dem Europa einst geboren wurde, und zu erkennen, daß allein in der europäischen Verständigung der Schlüssel zur eigenen Sicherheit und damit die stärkste Sicherung eines dauerhaften Friedens liegt.

Dann wird auch Deutschland um seine wahre Aufgabe wissen. Es wird sich der Einsicht in die großen Fehler und Irrungen der Vergangenheit nicht verschließen, in dem Bewußtsein, daß es durch ein mutiges Bekennen wieder jenen Platz zu finden gilt, von wo aus Aufgabe und Dienst an der großen gemeinsamen Sache erfüllt werden kann.

Der ihm vom Schicksal auferlegte Zwang zur Waffenlosigkeit wird sich im Geiste seiner größten Denker und Dichter zu höherem Adel wandeln und damit zum unwiderlegbaren Beweis werden, daß Deutschland bereit ist, Europa zu dienen.

Kann so ein Bekenntnis nicht Weg und Hoffnung zugleich sein? Wohl hat sich ein Tor aufgetan. Aber noch stehen Millionen davor, mit bangem Herzen und heißem Sehnen, daß nun endlich möge Frieden werden. Durch ihre Reihen singt das Gebet:

‚Herr, vergib uns unsere Schuld, wie wir vergeben unseren Schuldigern…‘, und sie warten auf die Stimme, die sie über die Schwelle ruft und die sie Platz nehmen läßt an dem Tisch der großen europäischen Völkerfamilie.

Sollen wir vergebens warten? Sollen sie sich verbittert und mit dem Zorn des Besiegten zurückziehen und damit letztlich eine Quelle neuer Gefahren werden – nur weil die Schuld noch nicht getilgt und alte Zinsen noch nicht abgetragen sind?‘‘

Wuchtig und schwer hallten die letzten Worte wider. Ein Ausweichen war unmöglich.

In äußerster Spannung wartete ich auf die Antwort. Doch kein Wort fiel in die Stille.

Belavoine war an den Tisch zurückgetreten, hatte sein Glas geleert und schien zu überlegen.

Minuten gingen dahin. Endlich eine Stimme. Es war Dr. Legrand. Leise und bedächtig begann er:

„Meine lieben Jungen, wir wollen nicht richten, auf daß wir nicht einst selbst gerichtet werden. Wir haben alle den wahren Sinn für das Menschliche verloren. Wir haben gehaßt und kannten keine Grenzen mehr.

Doch was durch Menschen angerichtet wurde, kann auch durch sie beseitigt werden. Wir müssen zurückfinden, alle, weil keiner von uns schuldlos blieb. Aus dem Strom des Hasses muß ein Quell der Liebe werden, denn es kommt darauf an, daß es auf dieser Erde wieder mehr Menschen gibt, die sich allen Enttäuschungen und Wirrnissen zum Trotz der Liebe zuwenden und durch die Tat bekennen: Ich liebe meinen Nächsten wie mich selbst!

Nur auf diesem Wege können die beiden Völker wieder zusammenfinden. Und wenn sie darangehen, ein neues, geeintes Europa aufzubauen, dann muß der Mensch und nicht das Land der Grundstein sein. Ihr aber, die junge Generation, müßt zuerst die Schranken durchbrechen, das Trennende überwinden und helfen, die Wunden zu heilen. Eure Hände müssen sich finden zu gemeinsamem Werk.

Es wird nicht leicht sein; denn oft wird euch das Leben und damit eure Aufgabe schal und sinnlos erscheinen, doch laßt euch nicht von diesem Gefühl überwältigen, sondern wißt, daß ihr einen großen, göttlichen Auftrag habt, Künder und Streiter des Friedens und der wahren Menschlichkeit zu sein."

Dr. Legrand hatte die letzten Sätze mit feierlichem Ernst gesprochen. Er wußte, wie schwer sein Landsmann zu überzeugen war, und hatte sich bemüht, Worte zu finden, denen Belavoine, obgleich sein Herz nach Rache und Vergeltung schrie, zustimmen mußte.

Und doch empfand ich plötzlich, daß diese Zustimmung ausbleiben würde. Sekundenlang traf mich der Blick des jungen Offiziers, hart und unversöhnlich.

Belavoine wollte sich nicht überzeugen lassen; für ihn selber stand noch eine Rechnung offen, auf deren Begleichung er nicht verzichten wollte – die Ruine des Vaterhauses und das Totenkreuz des Bruders.

Dr. Legrand verabschiedete sich.

Kurze Zeit darauf begaben auch wir uns zur Ruhe.

Über dem Fort lag schon der erste Schein des anbrechenden Morgens, den trällernde Lerchen hoch in den Lüften verkündeten.

Wochen gingen dahin. Belavoine wich mir aus; bis zu jenem Tag, da uns ein dienstlicher Befehl wieder zusammenführte. Wir ritten gemeinsam Patrouille. In den frühen Morgenstunden waren wir aufgebrochen. Noch lag die gewaltige Wüstenöde, im grellen Schein der Morgensonne, in starrer, toter Ruhe da.

Nach einem anstrengenden Ritt von einigen Stunden hatten wir den Fuß des Gebirges erreicht.

Mühsam bahnten wir uns, unsere Pferde am Zügel führend, einen Weg durch das steinige Geröll bis zu dem Platz, der uns den gewünschten Ausblick auf die Steppe ermöglichte.

Unter der Wucht der Mittagssonne glänzte der Boden blutig rot, und das verbrannte Gras zerfiel unter unseren Füßen zu gelbem Pulver. Nur hier und da erhoben sich einige verkrüppelte Bäume und Sträucher, oder es waren spärliche Mimosen und Akazien mit dürftigem Laubschmuck, die das eintönige Bild der Wüste belebten.

Solange wir auch mit unseren scharfen Gläsern die endlose weite Ebene absuchen mochten, es war kein Lebewesen aufzuspüren und keine verdächtige Bewegung festzustellen. Nur einige Geier, die Unheil verkündend aus der Weite krächzten, und der von fern her grollende Donner ließen uns aufhorchen. Ein düsteres Gewölk hatte sich im Westen zusammengeballt.

Das war für uns das Zeichen zum Aufbruch.

Bald darauf hatten wir den freien Platz hinter uns gelassen und näherten uns dem Hohlweg, den wir passieren mußten, um wieder das flache Gelände zu erreichen.

Noch bewegten wir uns in dem tiefen Einschnitt einer Felsgruppe, als plötzlich mein Pferd stehenblieb und ein feines Geräusch mich angespannt lauschen ließ.

Gefahr – durchzuckte es mich. Doch noch ehe ich es ausgesprochen hatte oder Belavoine, der einige Schritte hinter mir ging, warnen konnte, war es zu spät. Schon fiel der erste Schuß, und Sekunden darauf erzitterte die Luft unter dem Krachen der Gewehrsalven, die man aus dem Hinterhalt auf uns abgefeuert hatte. Das alles kam so überraschend und so schnell, daß keine Zeit mehr blieb, sicher in Deckung zu gehen oder gar das Feuer zu erwidern.

Ich hatte mich sofort flach auf den Boden geworfen und wartete nun angespannt und in höchster Erregung auf die nächste Salve.

Doch es blieb alles still. Die Angreifer schienen sich, so schnell wie sie gekommen waren, wieder aus dem Staube gemacht zu haben.

Dennoch erhob ich mich sehr vorsichtig und langsam, um erst einmal nach Belavoine, der hinter einem naheliegenden Felsvorsprung Schutz gesucht haben mußte, und nach meinem Pferd, welches sich nach dem ersten Schuß losgerissen hatte, Ausschau zu halten.

Meinen braven Hengst sollte ich bald darauf finden. Durch mehrere Schüsse getroffen, lag das Tier verendet am Ausgang des Hohlweges, im Lichte der unbarmherzigen Wüstensonne.

Eine unheimliche Wut packte mich, ich hätte aufschreien mögen, überwältigt von dem Schmerz, der mir durch den Verlust dieses treuen Gefährten zugefügt wurde.

Die Ungewißheit über das Schicksal Belavoines trieb mich weiter. Ich war noch einmal den Weg zurückgegangen, ohne den Kameraden gefunden zu haben. Schon wollte ich enttäuscht und verbittert umkehren, als ein leiser Aufschrei an mein Ohr drang und meine Schritte auf einen schmalen Saumpfad lenkte, den ich bisher nicht beachtet hatte.

Kurz darauf gewahrte ich Belavoine, schwer verwundet, mit schweißüberdecktem Gesicht und blutleeren Lippen, an einen Felsblock gelehnt.

Mit zitternden Händen öffnete ich ihm den Rock. Belavoine schlug die Augen auf, und ein Stöhnen entrang sich seiner Brust.

Ich war verzweifelt, und mein Herz krampfte sich zusammen ob der Hilflosigkeit, die mich plötzlich überfiel.

Ich suchte nach Wasser.

Wo war Belavoines Pferd geblieben? In den Satteltaschen mußte noch eine Feldflasche sein – ein Tropfen Wasser, an dem sein Leben hing.

Ich suchte vergebens. Das Tier war nirgends zu finden, und selbst die kleinen Pfützen, aus denen wir vor wenigen Stunden noch ein schmutziges Schlammwasser hätten schöpfen können, waren verschwunden. Belavoine lag in einem Zustand völliger Ermattung da.

Ich hatte mich über ihn gebeugt und trocknete mit einem Tuch die feuchte Stirn.

Wieder schlug er die Augen auf.

„Wo ist das Pferd?" fragte ich ihn, „wir brauchen Wasser!"

Mühsam richtete er sich auf. „Das Pferd", flüsterte er, „abgestürzt, aber hier", und dabei deutete er schwer atmend auf seine Rocktasche, „hier ist noch ein Schluck Wasser."

Die kleine Labeflasche, die Belavoine bei sich trug, war nicht einmal mehr halb voll. Und doch hätte dieses Wasser genügt, die roten Nebel zu zerreißen, die vor den Augen tanzten, und das Blut zu beleben, das in den Adern zu stocken schien. Ich gab Belavoine zu trinken.

Plötzlich packte er meinen Arm und schrie laut auf:

„Nein, ich will kein Wasser, trink du!" War Belavoine von Sinnen? Noch einmal setzte ich die Flasche an seinen Mund. Wieder wehrte er mich ab. „Nimm du das Wasser", kam es gequält von seinen Lippen, „wenn ich es trinken würde, ich könnte doch nicht mehr zurückkommen; du mußt das Wasser trinken, damit du zurückfinden kannst."

„Niemals", brach es aus mir hervor, „ich trinke das Wasser nicht und lasse dich auch nicht allein zurück."

„Du mußt gehen", entgegnete Belavoine, „vielleicht kannst du noch Hilfe holen", und fast flehend fügte er hinzu, „nimm das Wasser, nimm es, und mache dich auf den Weg – um meinetwillen."

Erstaunt blickte ich Belavoine an.

Ich fühlte, daß er mich durch seine Worte zwingen wollte, zum Verräter an ihm zu werden.

Allein die Sorge um mein Leben hatte ihn zu der furchtbaren Lüge hingerissen: geh – um meinetwillen!

Ich stöhnte wie ein wundes Tier. Die Hitze wurde immer drückender, der Durst schnürte mir die Kehle zu, und doch konnte ich dieses Wasser nicht trinken, denn tausend Stimmen in mir schrien Mord und Verrat.

Behutsam näherte ich mich nochmals Belavoine. Als ich vor ihm stand, blickte er auf. Seine Augen glänzten im Fieber, und seine Stimme hatte einen sonderbaren Klang.

„Es ist gut, daß du da bist", meinte er, „ich wollte dich noch etwas fragen. Erinnerst du dich noch an die Worte Dr. Legrands? Ich glaube, er hat recht gehabt. Wir sollten einander lieben."

Belavoine ergriff hastig meine Hand. Dann bat er mit leiser Stimme: „Versprich mir, daß du zurückgehen wirst und nicht vergißt, ihnen zu sagen, sie sollen zusammenfinden und sollen einander lieben!"

Belavoine war an den Felsen zurückgesunken.

War es schon der Schatten des Todes, der auf seinem Antlitz lag? Nein – noch schlug sein Herz, und dieser Schlag trug mich fort, trieb mich vorwärts über das steinige Geröll und durch den heißen Sand der Wüste.

Die weite Ebene lag im flimmernden Abendlicht. Wie lange ich schon gegangen war, wußte ich nicht. Plötzlich überfiel mich eine große Schwäche; es ging nicht mehr weiter, erschöpft sank ich zu Boden. Das widerliche Lachen der Hyänen und das Knurren der Schakale waren die letzten Laute, die ich vernahm.

Als ich am anderen Morgen erwachte, befand ich mich in dem Krankenzimmer des Forts. Vor meinem Bett standen der Kommandant und Dr. Legrand. Was war geschehen?

Nur mühsam konnte ich mich an die Vorgänge des gestrigen Tages erinnern. Belavoine – durchzuckte mich plötzlich ein Gedanke, und dann wußte ich wieder alles.

Mit hastiger Stimme erstattete ich Bericht.

Noch bevor ich geendet hatte, gab der Kommandant seine Befehle. Sofort machte sich eine Streife auf den Weg, um den zurückgebliebenen Kameraden zu suchen.

In den Mittagsstunden des gleichen Tages fanden sie ihn, tot – verdurstet.

Nur noch ein matter Schein der unbarmherzigen Wüstensonne fiel auf das Land, als wir am anderen Tage, unter dem weiten Himmel Afrikas, von Leutnant Belavoine Abschied nahmen.

Vor dem offenen Grabe stand Dr. Legrand.

In unserer aller Namen erbot er dem Kameraden einen letzten Gruß. Und mit schmerzerfüllter Stimme rief er den Lebenden zu: „… auch dieses Kreuz mahnt, gleich den Millionen in aller Welt: Findet zusammen und wisset, es ist leicht zu verachten, besser und würdiger aber – zu verstehen!"

Günther Kaack

Günther Kaack wurde 1923 in Hamburg geboren. Nach Schulabschluß folgten fünf Jahre Kriegsdienst und Gefangenschaft. In den ersten Nachkriegsjahren Hilfsarbeiter in einer chemischen Fabrik.

1948 Zulassung zum Studium der Erziehungswissenschaften. Nach dem zweiten Staatsexamen Eintritt in den öffentlichen Schuldienst.

Seit 1949 Mitglied im Verband Deutscher Autoren. Erste Buchausgaben 1951/54. In der Folgezeit vornehmlich Beiträge in Anthologien und Verfasser zeitkritischer Texte und Gedichte.

1986 Lyrik-Preisträger in Hamburg.

Jüngste Veröffentlichungen:

1987 „Oh diese Eltern" – heitere Versgeschichten für Eltern und alle, die es noch werden wollen

1989 „Neudeutsche Galgenlieder" – satirische Verse zum 40. Geburtstag der Bundesrepublik Deutschland

1995 „Jan mit auf den Weg gegeben" – Weisheiten afrikanischer Völker, begleitet von Anmerkungen zum UNO-Jahr der Toleranz.